DOMINANDO EL ARTE DEL
LIDERAZGO
PERSONAL

NESTOR LIMA

DOMINANDO EL ARTE DEL LIDERAZGO PERSONAL
Copyright © 2017 por Nestor Lima

Todos los derechos reservados. Ninguna parte de esta publicación puede ser copiada, reproducida, ni alterada, parcial o totalmente, ni archivada, ni transmitida usando sistemas electrónicos, mecánicos o de alguna otra manera sin el permiso previo del autor, con excepción de citas breves.

A menos que se indique lo contrario, todas las citas bíblicas son tomadas de la Santa Biblia, las escrituras marcadas NTV son citadas de las SAGRADAS ESCRITURAS, NUEVA TRADUCCIÓN VIVIENTE (NLT): Las escrituras tomadas de la SANTA BIBLIA , NUEVA TRADUCCIÓN DE VIDA, Copyright © 1996, 2004, 2007 por Tyndale House Foundation. Usado con permiso de Tyndale House Publishers, Inc., Carol Stream, Illinois 60188. Todos los derechos reservados. Las citas bíblicas marcadas (LBLA) son tomadas de La Biblia De Las Américas © Copyright 1986, 1995, 1997 por The Lockman Foundation. Usadas con permiso.

Todas las citas y referencias bíblicas en negrita y/o cursiva reflejan el énfasis hecho por el autor.

Se ha hecho diligencia para que la información de la fuente sea lo más precisa posible. Si encuentra algún error de atribución, póngase en contacto con el autor.

Kingdom Publishing House
P.O. Box 2007
Hurst, TX 76053

ISBN-13: 978-1976079948
ISBN-10: 1976079942
Ver 1.1

Impreso en los Estados Unidos de América.
Para descuentos al mayoreo favor de contactar a nestor@nestorlima.com.

RECONOCIMIENTOS

Expreso profunda gratitud a mi increíble familia por su apoyo continuo en todos mis esfuerzos. Gracias Nathalia por tu apoyo emocional y permitirme compartir mis ideas. Siempre me encanta tu inestimable retroalimentación.

Gianna, ¡has embellecido este trabajo! Gracias por contribuir con tu asombroso don de comunicación y habilidades gramaticales.

Dina, mi querida esposa, agradezco tus comentarios y todas las horas dedicadas para internalizar y editar los conceptos e ideas presentadas en este libro. ¡Tu impulso e iniciativa personal no tienen paralelo!

ELOGIOS

El éxito de su liderazgo público está determinado por el dominio del liderazgo personal.

El éxito del liderazgo no es un evento de la noche a la mañana y tampoco lo es el fracaso. Cuando alguien se obsesiona con la personalidad y el éxito público, e ignora el manejo de la mente, las emociones y la voluntad, el liderazgo público falla.

Dominando El Arte Del Liderazgo Personal, por Nestor Lima, es una guía muy inspiradora y práctica para cualquier persona que en serio desea desarrollar y sobresalir en su papel de liderazgo. Muchas personas tienen intenciones de hacer algo grande, memorable e impactante. Pero meras intenciones no son suficientes para llevar a nadie a lograr sus metas y sueños.

En este libro, Nestor le mostrará paso a paso los secretos de llevar su sueño a la meta y sobresalir en su liderazgo personal.

Abraham Thomas
Fundador y jefe ejecutivo
Wisdom For Asia

CONTENIDO

PRÓLOGO 8
POR QUÉ ESCRIBÍ ESTE LIBRO 10
EL NACIMIENTO DEL MODELO 9
INTRODUCCIÓN 13
PARTE 1 - LIDERAZGO PERSONAL 23
    CAPÍLUTO 1 - LIDERÁNDOSE A SÍ MISMO 24
    CAPÍLUTO 2 - LIDERANDO SU MENTE 28
    CAPÍLUTO 3 - LIDERANDO SUS EMOCIONES 40
    CAPÍLUTO 4 - LIDERANDO SU VOLUNTAD 55
PARTE 2 - DOMINANDO LA INSPIRACIÓN 63
    CAPÍLUTO 5 - ACTIVE LA INSPIRACIÓN 64
    CAPÍLUTO 6 - SUS FUENTES DE INSPIRACIÓN 68
PARTE 3 - DOMINANDO LA MOTIVACIÓN 75
    CAPÍLUTO 7 - ACTIVE LA MOTIVACIÓN 76
    CAPÍLUTO 8 - SU MOTIVADOR DOMINANTE 82
PARTE 4 - DOMINANDO LA ACCIÓN 87
    CAPÍLUTO 9 - TOME ACCIÓN 88
    CAPÍLUTO 10 - CRUCE LA LÍNEA DE META 91
EPÍLOGO 96
NOTAS 98
SOBRE EL AUTOR 99

PRÓLOGO

¿Ha oído? ¡Usted fue creado exclusivamente con un increíble potencial dado por Dios! A usted le han sido otorgados dones y talentos para cumplir el propósito de Dios en la Tierra. Para ir en la dirección correcta, todos necesitamos un poco de inspiración y motivación. Antes de nuestra concepción y nacimiento, Dios ya había establecido un plan específico para nuestras vidas. Cuando éramos sólo un pensamiento distante o una mera posibilidad futura para nuestros padres, éramos un plan definido y bien pensado para Dios. Dios le dijo a Jeremías: "Yo te nombré un profeta para las naciones." De la misma manera Dios estableció un plan para la vida de Jeremías, Él también lo ha hecho con nosotros.

El Diccionario Webster define accidente como "un evento o circunstancia imprevista y no planificad". ¿Cuántos de nosotros nos hemos sentido de esta manera o conocemos a alguien que se siente así? Lamentablemente, esta actitud autodestructiva es común. Muchos de nosotros luchamos por saber cuál es nuestro potencial y propósito, y tal vez carecemos de inspiración y guía para alcanzar nuestros objetivos y sueños. Una de las frases de Nestor que más me ha impactado es: "La paz consigo mismo nunca se consigue escuchando la voz de tus críticos, sino viéndote a través de los ojos de tu Diseñador."

Nuestra perspectiva es todo. Cómo vemos el mundo exterior nos afecta internamente. Lo más importante es que nuestra perspectiva de nuestro Diseñador es vital para que cumplamos nuestro propósito divino. Por eso estoy tan encantado de que haya elegido leer esta última obra de Nestor Lima, *Dominando El Arte Del Liderazgo Personal*. Usted se deleitará. Nestor Lima lo ha vuelto a hacer. Dios le ha dotado con un don especial para la orientación personal, la mentoría y el liderazgo. Este libro brinda una poderosa visión del modelo de liderazgo personal que él desarrolló. El modelo contiene el acrónimo de su propio apellido L-I-M-A - Liderazgo, Inspiración, Motivación y Acción. Este modelo, una vez aplicado y establecido en su vida, será una base fundamental para guiarlo para lograr su propósito dado por Dios. Nestor le guía paso a paso para dominar el Modelo de Liderazgo Personal LIMA y aplicarlo a cualquier área de su vida para obtener el máximo rendimiento. Cada letra en el modelo desbloquea poderosos conocimientos y conceptos que le ayudarán a alcanzar sus metas.

Dominando El Arte Del Liderazgo Personal le ayudará a conducirse de manera eficiente antes de liderar a otros. Por si acaso nadie se lo ha dicho, la persona más importante que jamás liderará es a usted mismo. El fracaso de tantas personas es el resultado de pobre auto liderazgo. Nada bueno viene de la inestabilidad. Nuestros pensamientos, emociones y perspectiva sobre la vida y Dios necesitan estar en orden. Cada parte de nosotros requiere un líder - nuestra mente, nuestras emociones y nuestra voluntad.

Felicito a mi amigo Nestor Lima por la sabiduría compartida en este libro sobre un tema tan vital. Le recomiendo encarecidamente que no sólo ojea los capítulos, sino que lea diligentemente y aproveche cada lingote sobre el liderazgo que se encuentran en cada página.

Joshua Rivera, D. Min.
Senior Pastor, Fuego de Dios Church
Desoto, Texas

POR QUÉ ESCRIBÍ ESTE LIBRO

Creo en su grandeza.

Usted posee el poder de lograr más de lo que puede imaginarse. Usted tiene innumerables recursos a su disposición, muchos están sin usar, subutilizados o no descubiertos. Es capaz de lograr mucho más de lo que lo que ya ha logrado.

He escrito este libro porque creo en usted. Usted es un regalo para muchos en este mundo. Su regalo no es sólo para usted; Es capaz de regar los campos de las generaciones presentes y futuras. Muchos esperan el descubrimiento y la implementación de sus habilidades e ideas.

Todo comienza con usted. Los dones que posee son como tesoros de diamantes ocultos a la espera de ser descubiertos. Este libro le ayudará a minar un diamante a la vez.

La gente a menudo tiene muchos sueños que realizar, actividades que perseguir, o ideas que materializar. A menudo pueden paralizarse, no pueden avanzar y tomar medidas necesarias para lograrlas. Este libro le ayudará a eliminar los obstáculos y activar los poderosos recursos que ya posee. Una vez que identifique los recursos, encontrará el liderazgo, la inspiración y la motivación necesaria para tomar medidas enfocadas.

Creo que Dios lo ha dotado con grandeza y habilidades que quizás aún no haya descubierto. Quiero ayudarte a acceder y activar las cosas en lo más profundo de usted. Esta es la razón por la que escribí este libro.

Nestor Lima

EL NACIMIENTO DEL MODELO

Durante el entrenamiento con la Academia Internacional de Orientadores para obtener mi certificación de orientado personal profesional, uno de los requisitos de la graduación era desarrollar mi propio modelo de orientación. La academia no enseña un modelo de en particular. En cambio, capacita a sus estudiantes para que desarrollen su propio. Yo había trabajado con la idea de un modelo por alrededor de un año y medio, pero se permanecía insatisfecho con mis resultados.

Un día después de volver a casa del trabajo, mi esposa y yo estábamos conversando sobre los eventos del día. Como siempre, ¡ella tenía mucho que compartir! Yo estaba escuchando atentamente mientras ella me hablaba de proyectos y otras actividades que estaba llevando a cabo. La energía de Dina es una maravillosa calidad que parecía ser especialmente intensa esa noche. Repentinamente, entré en una especie de éxtasis mientras ella seguía hablando. ¡Hasta el día de hoy, todavía no podía decirte lo que dijo durante ese tiempo! Debía haber hablado unos dos minutos, pero parecía más bien treinta. Mientras ella seguía compartiendo, vi las letras de mi apellido apareciendo en un ángulo de izquierda a derecha. Una por una, aparecieron y se disolvieron: L-I-M-A. Las letras hicieron un ciclo por segunda vez de la misma manera. Sin embargo, esta vez deletrearon lo siguiente: **L**iderazgo, **I**nspiración, **M**otivación y **A**cción. Así nació el Modelo de Liderazgo Personal LIMA.

Cuando desperté de este trance, le expresé a mi esposa cuanto lo sentía por no escuchar lo que compartió el pasado par de minutos. Le expliqué la poderosa visualización que había experimentado y ella fue muy comprensiva. Tomé mi portátil y comencé a anotar lo que acababa de ver. La Figura 1 muestra las primeras notas que documenté el 3 de enero del 2009.

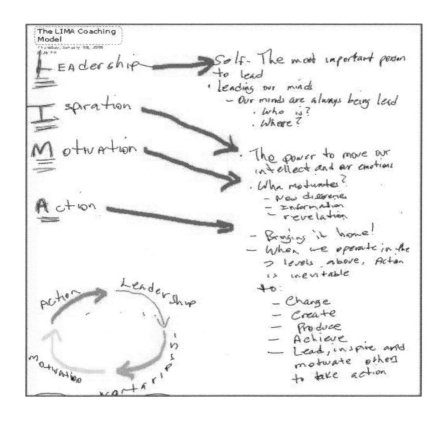

Figure 1 – Conception of the LIMA Personal Leadership Model

El modelo sólo se fortaleció a partir de estos primeros orígenes. El concepto se desarrolló bastante rápido a partir de ese día. Lo compartí con clientes de orientación y otros amigos. El Modelo de Liderazgo Personal LIMA ha pasado de ser un concepto a una increíble herramienta de transformación para muchas personas. Ha impulsado a la gente a niveles de logro nunca antes experimentados. Esto es lo que dos clientes tuvieron que decir sobre el Modelo de Liderazgo Personal LIMA:

Yo fui capaz de atacar mis objetivos de cabeza con algunas de las teorías que Nestor me presentó... Me encontré creciendo cada semana. Por ejemplo, Nestor usó realmente su teoría del liderazgo de sí mismo para ayudarme a controlar mi ansiedad y pensamientos. Sus técnicas de orientación son bien pensadas y útiles en la vida cotidiana y empresarial. Disfruté cada momento con Nestor. ¡Su actitud amistosa y actitud positiva son contagiosas!-Candy Mayura, Orientadora Ejecutiva

Nestor ha sido como un mejor amigo para mí. Literalmente me sostuviste de la mano y me llevaste al lugar donde siempre quise estar. Si no fuera por ti no podría haber alcanzado todos los objetivos que me había fijado. Tu orientación ha sido un proceso de auto-descubrimiento. ¡No puedo agradecerte lo suficiente por ayudarme a convertirme en mi propia líder! Hay algunas nuevas habilidades que he descubierto en mí. He aprendido mucho sobre el liderazgo de uno mismo y su importancia en la vida. He empezado a pensar en situaciones desde diferentes perspectivas. He comenzado a aplicar lo que aprendí en situaciones de la vida real. Por ejemplo - No dejo que los pensamientos me controlen, los controlo ahora. Para mí esta fue la mayor barrera para progresar hacia adelante. - Anshu Patanjali, Entrenador / Orientadora Personal

Utilizando los conceptos reveladores contenidos en este libro, usted aprenderá a ejecutar los cuatro pasos para dominar el arte del liderazgo personal. Quiero que experimentes un progreso constante hacia las metas, los cambios personales y el futuro que desea crear. Recupere metas olvidadas, saque las actuales, y prepararse para llevar sus sueños a la meta.

Este libro es una guía orientada a la acción para ayudarle a alcanzar metas y materializar sueños para realizar el futuro que usted desea. Espero concisamente guiarle hacia la transformación personal que lo conducirá paso a paso hacia la vida con que usted sueña. Tómese el tiempo para completar cada ejercicio. Los conceptos innovadores, junto con sus esfuerzos conscientes, revolucionarán la manera en que usted piensa acerca de sí mismo y el liderazgo.

¡Empecemos!

INTRODUCCIÓN

Durante los próximos minutos imagínese que no existen imposibilidades en su mundo. Todo es alcanzable. Visualícese viviendo sin sucumbir a los pensamientos negativos, el desánimo, el estancamiento o la dilación. Al contrario, usted está constantemente tomando acción enfocada en cada oportunidad. El miedo no lo detiene; De hecho, ni siquiera se acerca a usted. Los maravillosos recursos de inspiración y motivación están a su alcance. Usted los puede acceder y activar a voluntad, con el chasquido de un dedo. ¿Realmente puede lograr tal estado? ¿Existe tal lugar? ¿Podría esto ser posible? Usted puede preguntarse si este estado existe solamente en la ficción de su imaginación. ¿Es real o sólo una fantasía evasiva?

Considere las siguientes afirmaciones:

- Usted es más productivo si se conduce de manera efectiva y consistente.

- Usted es más útil si puede provocar un estado de inspiración espontánea.

- Usted es más impulsado si puede activar flujos constantes de motivación cuando lo desee.

- Usted es imparable si puede tomar acción consistente y

significativa para lograr metas, crear cambios personales, obtener el futuro que desea y perseguir sus sueños de por vida.

Los hechos contenidos en estas cuatro declaraciones forman la esencia del Modelo de Liderazgo Personal LIMA. Al igual que un mapa lo guía a su destino, este modelo de liderazgo, lo conduce a un estado de máximo logro. El logro máximo es real, posible y definitivamente a su alcance. El dominio de este modelo de liderazgo lo llevará a este destino final. Estoy emocionado de acompañarle en este viaje para convertirse en un prolífico realizador.

Tuve mis propias dudas cuando empecé a desempaquetar estos conceptos. "Esto suena demasiado bueno para ser verdad", pensé a menudo. Mis incertidumbres desaparecieron cuando me encontré con mi cuerpo luchando físicamente para mantener el ritmo de la corriente constante de inspiración, motivación y acción enfocada que estaba tomando hacia mis objetivos. Yo estaba demorado con algunos objetivos, a pesar de que sinceramente deseaba completarlos. El modelo personal de liderazgo LIMA activó capacidades que desconocía y proporcionó la dirección que me faltaba. Me permitió reconocer que poseía la mayor parte de lo que necesitaba para lograr mis metas. No había accedido a esos recursos porque sencillamente carecía de conciencia de que existían. ¡La conciencia es poderosa y liberadora!

No es porque gané la lotería o recibí una gran noticia que escribo estas palabras con entusiasmo. Escribo con gran entusiasmo porque he desarrollado la capacidad de conducirme a fuentes de inspiración. Esta inspiración proporciona motivación para tomar acciones decisivas hacia las metas que son muy importantes para mí. Contribuir al éxito de los demás es uno de mis mayores deseos. Explorar maneras de desbloquear la grandeza que reside dentro de la gente libera una oleada de energía dentro de mí que impulsa mi pasión por la vida y la humanidad. Puedo trabajar largas horas, estar despierto todas las horas de la noche y constantemente luchar por dominar el arte del liderazgo personal porque he identificado esta pasión. Escribo estas palabras hoy aplicando el Modelo de Liderazgo Personal LIMA.

METAS Y CAMBIOS PERSONALES

¿Alguna vez se ha fijó una meta y no la logró? ¿Qué salió mal? ¿Qué componente faltó que lo podría haber hecho posible? ¿Comenzó como un león rugiente y acabó como un ratón manso? ¿Cuánto tiempo tomó antes para que se desvaneciera el entusiasmo?

¿Qué pasaría si existiera un modelo o guía que pudiera aprender, dominar y aplicar para crear cambios y alcanzar cualquier meta? Esto sería importante porque el logro de sus metas y encontrar el éxito es importante para usted.

Hay muchas razones por las que las personas no logran los objetivos. Cada meta o cambio deseado necesita una estructura confiable. Una estructura nos apoya mientras nos esforzamos por crear un cambio personal y alcanzar nuestros objetivos. Piense en una estructura como un puente. Usted está actualmente en el punto A pero quiere llegar al punto B. Sin embargo, un enorme río separa el punto A y el punto B. Desea desesperadamente llegar al punto B y sus intenciones son sinceras. Las intenciones son geniales pero pueden ser inútiles. Esta verdad puede doler, pero es bastante cierta. El mundo está lleno de personas bien intencionadas. La intención por sí sola no garantiza el éxito o el logro. Su intención de cruzar desde el punto A hasta el punto B es inútil sin una estructura segura que lo apoye en el proceso. Una estructura es la base que le ayuda a alcanzar sus metas, como el puente que lo apoya cuando cruza un río. Sin estructura, la única opción es saltar al río sin garantía de un aterrizaje exitoso. El Modelo de Liderazgo Personal LIMA proporcionará una estructura para que pueda moverse con éxito del punto A al punto B.

Cada objetivo o meta requiere una estructura. Algunos ejemplos de objetivos incluyen:

- Ser un mejor padre
- Convertirse en un cónyuge más amoroso
- Lograr su peso deseado
- Ajustarse a un presupuesto
- Ahorrar dinero
- Ser puntal
- Escribir un libro/novela
- Escalar la Montaña Everest
- Dejar un mal hábito
- Adoptar un buen hábito
- Desmantelar una creencia autodestructiva
- Adoptar una creencia de empoderamiento

Todo lo que quiere lograr en la vida requiere una estructura sólida, responsable y confiable. Hay diferentes tipos de estructuras. La capacidad que tiene una estructura de sostenerlo depende de su fuerza. Necesita una estructura fuerte para soportar el peso de sus increíbles metas. ¡Usted ha accedido la fuente correcta!

Hay algo grande dentro de usted. Los cambios que desea y los objetivos que tiene son sustanciales o no estaría buscando la información contenida en estas páginas. Como orientador personal, mi objetivo es ayudarle a alcanzar sus metas empoderándolo a adoptar nuevas perspectivas que lo llevarán a hacer los cambios necesarios para crear el futuro que desea. He desarrollado este modelo para ayudarle a lograr cualquier objetivo. A medida que la incorpore a su rutina, se preguntará cómo ha vivido sin ella.

ADVERTENCIA

Antes de continuar, prométase que no trabajará día y noche. Lo que estoy a punto de compartir con usted tiene el potencial de desbloquear tanta conciencia, liberar energía increíble, pasión y motivación que logrará metas con facilidad y no querrá parar.

En treinta a sesenta días puede hacer cambios con los que ha luchado durante años y lograr grandes cosas que parecían imposibles.

ASOMBROSOS RESULTADOS

Una persona con la que compartí el Modelo De Liderazgo

Personal LIMA rara vez en su vida había ido al gimnasio para hacer ejercicio. El ejercicio simplemente no era parte de su realidad. Ella se matriculó en una clase de acondicionamiento físico y comenzó a despertarse a las cinco de la mañana para ir al gimnasio dos veces por semana después de que comenzó a incorporar los principios del Modelo De Liderazgo Personal LIMA. Si usted se ejercita regularmente, esto puede parecer insignificante. Este fue un logro importante y un cambio de vida significativo para esta persona. Tanto el tiempo de despertarse requerido como el ejercicio fueron esfuerzos notables de logro. Esta persona también estaba en el proceso de escribir un libro y se entusiasmó tanto que escribió durante siete horas seguidas. ¡Las corrientes de información fluían desde su interior durante las siete horas! Todo este potencial existía dentro de ella. Simplemente necesitaba una chispa para encender la energía que contenía. Una vez que los ríos de impulso comenzaron a fluir, rápidamente se convirtió en una inundación.

Otra persona compartió conmigo que después de una semana de incorporar elementos del Modelo, se encontró tomando decisiones de mejor calidad.

Durante el verano de 2013, tuve la oportunidad de compartir el Modelo De Liderazgo Personal LIMA en la Cámara de Comercio de Salta, Argentina. Esto es lo que Sany compartió acerca de su experiencia: "Nestor, muchas gracias por todo lo que depositaste en nosotros los Salteños! La satisfacción de poder sentir que hay un antes y un después como resultado del aprendizaje sobre el Modelo de Liderazgo Personal LIMA, fue un cambio de vida."

Usted debe estar inquietado. Talvez está meditando qué se está perdiendo o que existe por ahí que puede tener un impacto

INTRODUCCIÓN

tan poderoso. ¿Funcionará para mí? ¡La respuesta es un sí rotundo! Hay una fuerza que puede liberar gran empoderamiento para inspirar y motivarlo a tomar acción monumental para lograr sus objetivos. Este es el corazón del modelo, la estructura que le ayudará a lograr grandes metas.

El Modelo de Liderazgo Personal LIMA está diseñado para ayudarlo a aumentar la conciencia de sí mismo, alcanzar metas en asuntos personales y de carrera o negocio, crear cambios personales y llegar a su futuro deseado (ver Figura 2).

Puede aplicar los conceptos de Liderazgo, Inspiración, Motivación y Acción en cualquier área de la vida. Arribar al lugar de logros es posible y requiere el dominio de:

- Liderazgo
- Inspiración
- Motivación
- Acción

Figura 2 – El Modelo de liderazgo Personal LIMA

Cada paso desbloqueará energía increíble y le ayudará a aprovechar los recursos internos dados por Dios. Los recursos no sólo incluyen los talentos y habilidades que usted desarrolla, sino también las habilidades internas con las que está equipado desde su nacimiento.

Al aplicar el Modelo de Liderazgo Personal LIMA:

- Usted comenzará a tomar mejores decisiones instantáneamente.
- Usted será capaz de identificar y crear fuentes de inspiración.
- Será capaz de identificar y crear fuerzas de motivación.
- Usted tomará acción centrada como nunca antes.

A continuación se presenta un breve resumen de los conceptos del Modelo de Liderazgo Personal LIMA que abordaremos en esta guía llena de acción.

LIDERAZGO

- El liderazgo comienza desde dentro y se extiende hacia afuera.
- La persona más importante que usted jamás liderará es su persona.
- Cada parte de usted requiere un líder.
- Usted se lidera a sí mismo cada momento consciente de su vida, sea que sostenga una posición o un título de lujo, y si usted lo reconoce o no.

INSPIRACIÓN

- La inspiración es una fuente que puede usarse como motivación para tomar acción.

- Usted experimenta un estado de inspiración cuando una parte de su alma es tocada, como el intelecto, las emociones o la voluntad.

- Usted tiene fuentes de inspiración y debe identificarlas.

- Defina qué parte de usted es tocada por las fuentes que le inspiran.

MOTIVACIÓN

- La motivación es una fuerza, un combustible que le enciende para actuar.

- La motivación emocional puede superar la fatiga física.

- Dos poderosos motivadores son el dolor y el placer.

- Identifique sus fuerzas de motivación y descubra su motivador dominante, el dolor o el placer.

ACCIÓN

- La acción es un acto de la voluntad; Usted debe descubrir quién o qué lidera su voluntad.

- Sin cambios y acciones, su futuro es su presente—prolongado.

- La acción materializa los objetivos que persigue mediante el liderazgo eficaz, la inspiración y la motivación de uno mismo.

A medida que domine cada uno de estos pasos, el logro de sus metas y la realización de cambios personales para crear el futuro que desea son ciertos. ¡Usted le pegará al blanco cada vez!

PARTE 1
LIDERAZGO PERSONAL

*"No podemos sostener una antorcha para iluminar
el camino de otro, sin iluminar el nuestro."*

Ben Sweetland

Capítulo 1

LIDERÁNDOSE A SÍ MISMO

El elemento fundamental del Modelo de Liderazgo Personal LIMA es el *liderazgo*. John C. Maxwell, el gran líder de los líderes, afirma que todo sube o baja en el liderazgo.

¿Cuál es la primera imagen que viene a su mente cuando piensa sobre el liderazgo? Estas son algunas respuestas comunes que recibo:

- Ser dirigido.
- Liderar a alguien más.
- Un grupo de personas y un individuo delante de ellos.
- Alguien que sabe lo que está haciendo y dirige a los que no saben.
- Alguien que inspira y motiva.
- Un profesor dirigiendo a los estudiantes.

Esta es la imagen del liderazgo en la mente de muchos. A menudo vemos el liderazgo como algo que alguien hace. Si operamos en un papel de liderazgo, pensamos principalmente en aquellos a quienes dirigimos. El liderazgo es visto a menudo como una cualidad o habilidad practicada externamente y dirigida hacia otros. Si bien esto es cierto, el liderazgo eficaz no comienza allí.

EL CONCEPTO DEL LIDERAZGO PERSONAL

El concepto primario de liderazgo que usted necesita para dominar el uso del Modelo de Liderazgo Personal LIMA es el *liderazgo de sí mismo*. ¿Liderazgo de sí mismo? Usted puede preguntarse, "¿Cómo puedo liderarme a mí mismo?"

El liderazgo comienza desde adentro y se extiende hacia afuera. *Mi habilidad de liderar mi persona determina lo bien que lidero a los demás.*

Todo el mundo es un líder. Es posible que nunca se haya considerado un líder, especialmente si no está involucrado en una posición de liderazgo. Usted puede ser un asistente de su jefe, por lo tanto sólo lo ve a él o ella como un líder. Incluso puede ser un asistente del asistente de su jefe, viéndose aún más abajo en la cadena. ¿Cómo es que puede ser un líder?

HECHOS SOBRE EL LIDERAZGO DE SÍ MISMO

Considere los siguientes hechos sobre el liderazgo de sí mismo:

- La persona más importante que jamás liderará es usted mismo.
- No puede liderar a otros más allá de sus propias fronteras mentales y espirituales.
- *Cada parte de usted* requiere un líder.
- Su habilidad de liderarse a sí mismo determina cuán bien lidera a los demás.
- La eficacia con la que se lidera afecta la eficacia con la que lidera a los demás.

- Usted se lidera a sí mismo cada momento consciente de su vida, ya sea que tenga una posición o título de lujo, y si usted está al tanto de ello o no.
- Donde se encuentra hoy refleja la calidad de su liderazgo personal.

La gente suele objetar que el liderazgo no se centra en sí mismo, sino en otros. Estoy de acuerdo en que el liderazgo no se trata de ser arrogante y egoísta. Sin embargo, la eficacia con que lideramos a otros depende de la eficacia con que nos lideramos a nosotros mismos.

Aceptar el concepto de liderazgo de sí mismo le permite entender cómo afecta su contribución en todos los asuntos personales y profesionales.

LIDERAR VS. SEGUIR

Cada persona lidera y es liderada en alguna capacidad. Cuando alguien nos guía, simplemente estamos tomando órdenes ejecutándolas con mínima o ninguna resistencia. Usted no puede permitir ser dirigido todo el tiempo porque nunca alcanzará su futuro deseado. En su lugar, se encontrará en un destino elegido por la persona que lo dirige. Esta podría ser una posición muy vulnerable en un mundo lleno de mucha gente controladora y manipuladora.

Varias personas y cosas nos quieren liderar. Algunas personas tienen nuestro mejor interés en su corazón, pero esto no es tan común como nos gustaría. Aquellos que no dominan el arte del auto-liderazgo son fácilmente persuadidos por fuentes externas e internas que buscan controlarlos.

Cada parte de usted requiere un líder. Aquí hay tres áreas vitales que necesitan su liderazgo:

- Su mente – pensamientos.
- Sus emociones – sentimientos.
- Su voluntad – decisiones.

Un pensamiento a menudo puede llevarlo a recuerdos que no disfrutará y a lugares donde no querrá quedarse. Un sentimiento puede llevarlo a expresar palabras o tomar medidas de las que más tarde se arrepentirá. Los pensamientos y las emociones son fuerzas poderosas que inherentemente intentan liderarnos. Cuando seguimos su liderazgo, tomamos sus órdenes y las ejecutamos.

Los pensamientos y las emociones le llevarán a lugares que no desea visitar cuando renuncia a su liderazgo de sí mismo. Abordaré cada una de estas áreas en los siguientes capítulos.

Capítulo 2

Liderando Su Mente

El mayor tesoro que poseen los seres humanos no es su aspecto o su dinero; es su *mente* increíble, poderosa y creativa. Esto es cierto para los más ricos y los más necesitados entre nosotros. Napoleón Hill declaró apropiadamente, *"Más oro ha sido extraído de los pensamientos de los hombres que ha sido sacado de la tierra."* Nuestra mente es nuestro tesoro mayor. Aquí hay algunos datos sorprendentes sobre nuestros cerebros:

- El cerebro humano promedio tiene alrededor de 100 mil millones de neuronas (células cerebrales), interconectadas a través de hasta 1,000 trillones de conexiones sinápticas que son estructuras que permiten a las neuronas transmitir señales eléctricas o químicas a otras células.[1]
- Nuevas conexiones cerebrales son creadas cada vez que se forma una memoria.[2]
- Cuando está despierto, el cerebro humano produce suficiente electricidad para alumbrar un bombillo pequeño.[3]
- Cada neurona mantiene un **gradiente de voltaje** a través de su membrana... cada una de las cuales tiene una carga diferente. Si el voltaje cambia significativamente, se genera un impulso electroquímico llamado **potencial de acción** (o **impulso nervioso**).[4]

- Las estimaciones de la **capacidad de memoria** del cerebro humano varían enormemente de 1 a 1,000 terabytes (a modo de comparación, los 19 millones de volúmenes de la Biblioteca del Congreso de los Estados Unidos representan aproximadamente 10 terabytes de datos).[4]

¡Nuestro cerebro es una súper máquina increíble! Puede superar incluso a la computadora más robusta. La capacidad de almacenamiento astronómico es increíble; la mayoría de las computadoras son limitadas. Nuestros cerebros almacenan no sólo información, sino también olores y sonidos. Un olor particular puede llevarlo a un lugar que visitó años atrás. Mi esposa todavía recuerda los aromas particulares de la diversidad de alimentos cuando visitamos Israel por primera vez a principios del 2000. Ella estaba embarazada con nuestra primera hija, aumentando sus sentidos olfativos. Ciertos olores, como el menor indicio de ajo, todavía se activan en su memoria. Una canción puede sacar recuerdos felices o melancólicos de su pasado. Piense en una canción feliz ahora mismo. ¿Qué recuerdos agradables activó?

Esta máquina asombrosa necesita entrenamiento y dirección, como un niño pequeño. Un niño dejado crecer sin disciplina y estructura se desviará y realizará poco. Del mismo modo, si nuestras mentes carecen de *liderazgo*, careceremos de productividad. Por defecto, nuestras mentes están más inclinadas a producir pensamientos negativos que positivos. Los pensamientos de miedo, carencia, tristeza y depresión son abundantes. Las actitudes negativas y pesimistas son más frecuentes. Simplemente escuche las respuestas que muchas personas dan cuando se les pregunta cómo están. Es más difícil encontrar un pensamiento positivo y productivo que llegar a los negativos. Necesitamos centrar deliberadamente y eliminar los pensamientos negativos para producir los positivos. Los malos pensamientos están allí.

El antiguo libro de la sabiduría, la Biblia, descubre la verdad sobre los pensamientos y cómo contrarrestarlos:

Y ahora, amados hermanos, una cosa más para terminar. Concéntrense en todo lo que es verdadero, todo lo honorable, todo lo justo, todo lo puro, todo lo bello y todo lo admirable. Piensen en cosas excelentes y dignas de alabanza. (Filipenses 4:8).

La Traducción en Lengua Actual (TLA) lo explica de la siguiente manera:

Finalmente, hermanos, piensen en todo lo que es verdadero, en todo lo que merece respeto, en todo lo que es justo y bueno; piensen en todo lo que se reconoce como una virtud, y en todo lo que es agradable y merece ser alabado.

Centrarse en los pensamientos positivos requiere esfuerzo. La calidad de nuestras vidas depende de la calidad de nuestros pensamientos.

Conocer la tendencia natural de nuestras mentes hacia la negatividad podría ser uno de los primeros pasos para ganar control en esta área. El libro antiguo nos anima de nuevo, "que seáis renovados en el espíritu de vuestra mente" (Efesios 4:23 - LBLA). ¡La mente tiene una mente propia! La pequeña voz interior que habla con usted todo el tiempo — ¿podría ser ese el "espíritu" de su mente? Los pensamientos negativos y acciones comienzan en la mente. Es vital que seamos los guardianes de nuestras propias mentes y ser selectivos acerca de los pensamientos que permitimos en nuestro dominio.

En este capítulo, aprenderá a liberar el poder de liderar su mente compleja y fascinante. Es el mayor tesoro que posee. La alternativa es permitir que su mente lo dirija, usted no puede permitirse eso. Con su tendencia natural hacia la negatividad, que la mente nos lidere no suena muy atractivo. Vamos a aprender a liderar nuestras mentes y dirigirla a nuestro camino elegido.

EVALUACIÓN DEL LIDERAZGO DE LA MENTE

Evaluemos cómo usted está haciendo actualmente en el área de liderazgo de su mente. Lleve a cabo esta autoevaluación y determine qué resultado es verdadero para usted.

Característica	Resultado
Nunca controla sus pensamientos.	No liderazgo.
A veces controla sus pensamientos.	Liderazgo pobre.
Usted decide constantemente sus pensamientos.	Liderazgo eficaz.

¿Qué tan bien está haciendo? A medida que elija constantemente los pensamientos que lo empoderan, usted *reprogramará* su mente en vez de permitir que los pensamientos autodestructivos *lo programen*. Las siguientes cinco técnicas le ayudarán a convertirse en el gran líder que su mente necesita, independientemente de su nivel actual.

CÓMO LIDERAR SU MENTE

1. TOME EL MANDO

Su mente necesita un líder. ¿*Quién* la lidera y hacia *dónde* se dirige? Puede permitir que su mente funcione incontroladamente y lo lleve a lugares peligrosos. Dada suficiente atención, una imagen en su mente puede hacer que usted cambie sus planes para lo bueno o para lo malo. Un pensamiento indigno puede hacer que las personas hagan cosas que nunca pensaron que harían; por ejemplo, drogas, alcohol, infidelidad, o incluso asesinato.

Los pensamientos son como niños indisciplinados que, sin un liderazgo adecuado, pueden ser desordenados y tomar el control de su vida. Poner las cosas en orden después que los niños fuera de control han jugado nunca es divertido. Cuando no se lideran con eficacia, los pensamientos pueden tomar el control de su vida. Ellos se "divierten" con usted pero dejan un tremendo desorden y usted no disfruta de la limpieza. Cuando sus pensamientos lo lideran, los ve adelante de usted. Visualícese a sí mismo al frente y los pensamientos siguiéndolo atrás a medida que usted toma el liderazgo.

Usted puede tomar el mando de sus pensamientos al posicionarse como el líder de su mente. Este puede ser un nuevo concepto para usted, pero por favor, considérelo seriamente. Como orientador, le ayudaré nombrándole oficialmente como líder de su mente. ¿Está listo?

Como estudiante de la vida y maestro del liderazgo personal, he sido investido con el poder de declararlo y nombrarlo oficialmente el líder de su mente. Por el poder que se me ha concedido, lo declaro Líder de su mente. Ya no más será atormentado, afligido o liderado por pensamientos indeseados.

Ahora haga la siguiente declaración:

"Yo, _____, hoy hago un compromiso consciente conmigo mismo para dominar el arte del liderazgo personal. Tengo el poder y la capacidad de controlar y liderar mis pensamientos.

No voy a permitir que me derriben, sino que voy a dirigirlos a que me levanten.

No voy a permitir que me lleven a perder, sino que voy a llevarlos a que me ayuden a ganar.

No voy a permitir que me lleven hacia el fracaso, sino que los lideraré para que me lleven hacia el éxito.

A partir de este día, no soy una víctima indefensa de mis pensamientos. Dirijo mis pensamientos de manera consistente. Yo soy el Líder de mi mente".

¡Felicitaciones! Si usted hizo este compromiso, ahora está entre los pocos que ya no son seguidores, sino que conscientemente se convierten en líderes de sus mentes. ¡Ha dado el primer paso! ¡Usted ha tomado el mando!

2. AUMENTE LA CONCIENCIA

De lo que usted está consciente lo puede controlar; de lo que está inconsciente lo controla a usted. Esto significa que cualquier cosa de lo que esté consciente, usted tiene la capacidad de controlar. Cualquier cosa de lo que no está consciente tiene el potencial de controlarlo a usted.

Todo lo hecho por los seres humanos ha pasado dos etapas. La primera etapa existe en la mente, la segunda etapa existe en lo físico. La visualización se produce en la primera etapa. Uno de los recursos más poderosos que poseemos los seres humanos es nuestra capacidad de imaginar, pensar, soñar, producir e inventar. La conciencia de cómo lideramos nuestras mentes en este proceso es crucial para nuestra habilidad de desbloquear esta herramienta dada por Dios.

Hay dos áreas en las cuales usted necesitará aumentar la conciencia — sus pensamientos y su capacidad de dirigirlos. Todo el mundo piensa, pero no todo el mundo piensa sobre sus pensamientos. Su compromiso exige un mayor nivel de consciencia. Una forma práctica de lograr este objetivo es hacer esta pregunta constantemente durante los próximos siete días: *¿Hacia dónde me estoy liderando?*

Continúe esta práctica hasta que se convierta en hábito y su conciencia de pensamientos indeseables crezca cada vez más eficiente. Usted puede darse cuenta de que ha estado permitiendo un pensamiento negativo durante algún tiempo mientras se mueve a lo largo de su día. En el momento en que lo reconozca y lo enfrente, es como si el pensamiento dijera: "¡Rayos, me descubrieron, más vale que huya!" Enfoque su esfuerzo en reducir la cantidad de tiempo que permite pensamientos no deseados. Esta conciencia del pensamiento lo empoderará con un sentido de liderazgo sobre su mente y desmantelará sentimientos de incapacidad e impotencia.

Su conciencia y liderazgo de sus pensamientos aumentaron cuando usted aceptó el reto de hacerse cargo de su mente convirtiéndose en su líder. Su liderazgo en esta área continuará prosperando debido a su compromiso.

3. CONFRONTE LOS PENSAMIENTOS CONSTANTEMENTE

La mayoría de las batallas que enfrenta en la vida tienen lugar en el campo de su mente. Si gana la batalla de la mente, estará adelante en el juego de la vida. Una forma de mantener el liderazgo de sus pensamientos es enfrentarse constantemente a ellos. En el momento en que toma conciencia de un pensamiento no deseado o autodestructivo, confróntelo haciéndose las siguientes preguntas:

- ¿Cuál es la fuente de este pensamiento?
- ¿Qué tan cierto es este pensamiento?
- ¿Qué me aporta este pensamiento?
- ¿Estoy liderando mis pensamientos o me están dirigiendo a mí?
- ¿Dónde me lleva este pensamiento?
- Incluso puede preguntarle al pensamiento: "¿Quién te envió?"

Cuando los pensamientos permanecen sin oposición, nuestra mente jugará con nosotros porque tiene una luz verde todo el tiempo. Parece que algunos de los pensamientos más absurdos o desagradables tienden a infiltrarse en nuestra mente en los peores momentos. Considere los pensamientos no deseados como ladrones por un momento. Si un ladrón entra en su casa y usted se da cuenta de su presencia no invitada y lo confronta con un arma, él huirá. Si no está al tanto de la presencia del ladrón en su hogar, él lo desechará de objetos valiosos sin su conciencia de que está sucediendo. A medida que comienza a afrontar TODOS los pensamientos no deseados regularmente, es como instalar un semáforo en la carretera de su mente. Los pensamientos ya no tienen paso libre en su mente. El semáforo controla su flujo advirtiéndoles que reduzcan la velocidad o incluso detenerlos fríos en sus pistas.

4. CORRIJA SU ENFOQUE

Corregir o cambiar de enfoque es otra gran técnica a utilizar a medida que mejora el nivel de su liderazgo personal. En lo que usted se centra crece. Lo que permite aumenta.

A medida que domina el arte del liderazgo de sí mismo, se convierte en un líder potenciado. Usted lidera eficazmente su mente al corregir su enfoque, trayéndola a un camino que lo avanzará hacia su meta o el futuro que desea experimentar.

Cinco minutos después de centrarse en un pequeño problema, puede llegar a ser del tamaño del Monte Everest. Centrarse en una pequeña situación negativa puede llevarlo a otra mucho peor, a otra que es imposible, a sentir angustia, desesperación e impotencia total.

Usted puede cambiar su estado mental cambiando su enfoque. A medida que su enfoque cambia, también cambiarán sus sentimientos. Esta es una poderosa habilidad dada por Dios que todos poseemos. Concéntrese en un área de su vida que está trabajando para crear impulso en las demás.

5. USE LA LEY MENTAL DE LA SUSTITUCIÓN

Un pensamiento puede martirizarlo y atormentarlo si no ejerce su liderazgo sobre él. Otra técnica eficaz para aumentar el liderazgo personal es emplear la ley de la sustitución. Esta ley establece que la única manera de deshacerse de un cierto pensamiento es sustituirlo por otro.

La luz y la oscuridad no pueden coexistir en el mismo lugar

al mismo tiempo. Si entra en un cuarto oscuro y quiere que esté alumbrado, usted no pone una cobija sobre la oscuridad, la amarra y la saca del cuarto para que pueda existir la luz. Tampoco entra en la habitación y empieza a demandarle a la oscuridad que se salga. ¡Simplemente enciende el interruptor de luz! Cuando se enciende la luz, la oscuridad se desplaza.

La oscuridad no puede ser expulsada más de lo que se puede expulsar un pensamiento. Para dejar de pensar en una vaca rosada, no se dirá repetidamente: "¡Dejaré de pensar en una vaca *rosada*!" De hecho, cuanto más lo diga, más ve la vaca y más crece delante de sus ojos. ¡Pronto la vaca se reproducirá y verá innumerables vaquitas rosadas por todo lugar!

Sustituya los pensamientos persistentes, repetitivos y autodestructivos con aquellos que lo empoderan para liderar sus pensamientos con eficacia. Visualice los pensamientos no deseados como un peleón (bully) agresivo en una cafetería de la escuela que habitualmente corta en línea sin ningún respeto por los demás. Ese peleón no detendrá su comportamiento desagradable hasta que sea confrontado y se le obligue a seguir las reglas. Del mismo modo, usted debe ser el líder que ha tomado el mando confrontando y sustituyendo pensamientos no deseados.

Puede desplazar la vaca rosada con un burro amarillo. La clave no es simplemente intentar deshacerse de un pensamiento o echarlo fuera; sino sustituirlo. Inicialmente tendrá que hacer un mayor esfuerzo ya que el pensamiento indeseado resistirá, como un inquilino enojado siendo desalojado por falta de pago. Usando este ejemplo, la vaca rosada se impondrá delante del burro amarillo en un intento de evitar el desplazamiento. Cuando experimente esta resistencia, empuje suavemente hacia fuera el pensamiento indeseado manteniendo el pensamiento deseado delante de usted. Su capacidad de permanecer concentrado en su pensamiento deseado se vuelve mucho más fácil si constantemente desplaza el pensamiento ofensivo. Con la repetición, la batalla se vuelve menos intensa. Al igual que un interruptor de luz usted tiene el liderazgo para apagar los pensamientos no deseados y activar los deseados. Cuanto más practique la ley mental de la sustitución, más rápido se producirá el cambio de enfoque.

EJERCICIO DE LIDERAZGO DE LA MENTE

¿Es usted un líder? ¿Por qué? ¿Cómo?

_____

_____

¿Quién es la persona más importante que jamás usted liderará?

_____

Si usted está siempre tomando órdenes de su mente, ¿cómo llegará a su destino elegido?

_____

_____

¿Dónde se clasifica en la evaluación sobre la calidad del liderazgo de su mente? ¿Cómo puede mejorar?

_____

_____

¿Cómo puede beneficiarse haciéndose más efectivo en dirigir sus pensamientos?

_____

_____

¿Cómo pueden beneficiarse los demás si usted se vuelve más efectivo en liderarse a sí mismo?

_____

_____

Capítulo 3

LIDERANDO SUS EMOCIONES

Las emociones, la voluntad y el intelecto son parte del alma. Esta parte de nuestra composición interna es fascinante y compleja. Con el fin de liderar eficazmente nuestra alma, tenemos que entender cómo interactúan las diferentes partes.

Las emociones se definen como:

Un movimiento de la mente o alma; por lo tanto, cualquier agitación de la mente o excitación de la sensibilidad. En un sentido filosófico, un movimiento interno o agitación de la mente...[1]

La gama de emociones humanas es extensa. El amor, la alegría, la angustia, la culpa, la vergüenza, la tristeza y el miedo son sólo algunos ejemplos. Nuestras emociones proporcionan una ventana a nuestras almas para que los demás la vean.

Las emociones están entre las fuerzas más influyentes que poseemos. El amor y el odio son emociones poderosas. Las emociones pueden ser ríos furiosos imparables. Parte de la definición de las emociones es "un *movimiento* interno o agitación de la mente". La energía es necesaria para crear el movimiento, de manera que las emociones pueden ser consideradas como energía en movimiento (e-moción). Esta poderosa combinación es la razón por la cual las emociones son tan dominantes. Las emociones requieren dirección adecuada y un buen líder.

Cada emoción que experimentamos contiene diferentes niveles de energía. La tristeza y la depresión contienen niveles muy bajos de energía. Las personas en estos estados de emoción no hacen ejercicio, caminan o trotean regularmente. Prefieren la soledad, el silencio, las luces bajas, o incluso un cuarto oscuro. Por el contrario, las emociones de felicidad y alegría producen un alto nivel de energía. Esta energía alta inspira a la gente a ejercitar, tocar música y sentirse jubilosa, exaltada y alegre.

Si logra dar a sus emociones el gran don de su liderazgo, tendrá que familiarizarse íntimamente con ellas. No estoy insinuando que usted debe derramar lágrimas con facilidad y practicar el abandono imprudente. Aunque expresar sus sentimientos con palabras o lágrimas puede resultar más fácil para algunos, no es una prueba de un liderazgo emocional bueno o pobre.

Una palabra de precaución: ignorar o reprimir las emociones no es buen liderazgo. Esta práctica no sólo es insalubre sino que puede ser perjudicial. Poner una tapa en las emociones funciona como una bomba de tiempo. La bomba explotará, a menudo en el momento más inoportuno exacerbando el dolor y el sufrimiento.

Usted puede tener recuerdos dolorosos de su pasado que provocan emociones tristes o deprimentes. Ignorarlos no ayudará a su situación. Abrir la tapa en el momento y lugar adecuados, con las personas correctas, es una mejor decisión. Por favor busque ayuda profesional para lidiar con tales asuntos si es necesario. La intención es liderar nuestras emociones de una manera saludable.

Para mejorar el liderazgo de sus emociones, consideremos algunos aspectos interesantes y el papel que desempeñan las mismas.

LAS EMOCIONES SON LÍDERES POBRES

Las emociones no se adhieren a los principios de la lógica. Las emociones son nulas de juicio sano. Aquellos que son compulsivos actúan basados en sus sentimientos, que normalmente cambian a menudo. Las emociones pueden hacernos herir a otros e infligir grandes daños personales si no las canalizamos adecuadamente. Ser un líder emocional no es un problema; ser liderado por las emociones sí lo es.

EL PAPEL DE LAS EMOCIONES

Aunque muchas personas a menudo actúan basadas en las emociones, el papel de las emociones no es liderarnos sino alertarnos y prepararnos para lidiar con situaciones variadas. El miedo nos alerta del peligro. La ira nos alerta de una injusticia perpetrada contra nosotros o contra alguien más.

Una notable neurocientífica, la Dra. Caroline Leaf explica la conexión fascinante entre nuestro cerebro y nuestras emociones en su libro *¿Quién me desconectó el celebro?*,

Cuando se siente triste, asustado, enojado o esperanzado, su cerebro produce diferentes tipos de químicos. De hecho, su cerebro puede ser comparado con una fábrica prolífica que produce una variedad de químicos dependiendo del tipo de emoción que esté experimentando.[2]

¡Qué realidad asombrosa — nuestros cerebros producen diferentes tipos de químicos dependiendo de las emociones que experimentamos! En su libro *Emociones Mortales*, el Dr. Don Colbert explica que hay evidencia médica que sugiere que muchas enfermedades son causadas por la ira y la amargura.[3] Estimado lector, sus emociones necesitan un líder. ¿Quién puede ser un mejor candidato que usted mismo?

CÓMO LIDERAR SUS EMOCIONES

A pesar de ser tan poderosas las emociones, la impresionante noticia es que es posible que las lideremos. Las emociones son activadas por nuestro enfoque mental o físico. Su enfoque determina sus sentimientos. Mire una película de suspenso y resultará asustado. Pueda ser que experimente problemas para dormir debido a las imágenes que pasan en su mente porque la emoción del miedo ha sido activada. Puede imaginarse las peores cosas que le sucedan a usted o sus seres queridos por el sonido del menor ruido en la noche.

Por otro lado, si ve una película de inspiración puede ser tan tocado como para derramar lágrimas. En este caso se estimula otra emoción, como el amor o la compasión.

Aquí hay cuatro maneras prácticas para que usted pueda liderar sus emociones de una manera saludable.

1. CAMBIAR SU ENFOQUE

Hay dos escenarios que requieren un cambio de enfoque: usted elige cambiar su enfoque voluntariamente o es obligado a cambiarlo por eventos externos. Cuando recibe buenas o malas noticias, requiere una respuesta inmediata y casi olvida el estado actual en el que se encuentra en ese preciso momento. La respuesta obligada o requerida lo obliga a abandonar su enfoque actual y prestar atención inmediata a las últimas noticias. Si las noticias pueden mejorar significativamente su vida o la de sus seres queridos, las emociones como la duda, el miedo, la ansiedad y la inseguridad se disipan en el momento en que su enfoque cambia. Lo contrario de este escenario también es cierto.

La mayoría de las personas cambian su enfoque sólo cuando son obligadas a hacerlo por las demandas y circunstancias de la vida. Convertirse en un gran líder de sus emociones exige que desarrolle la capacidad de elegir el enfoque deseado, independientemente del desafío que está enfrentando o de las noticias que recibe. La intención y la práctica son necesarias para fortalecer esta poderosa habilidad.

2. AUMENTE SU CONCIENCIA EMOCIONAL

La conciencia emocional se relaciona con su nivel de conciencia de sus sentimientos y su habilidad de identificar sus orígenes. La comprensión de esta conciencia es una de las mejores herramientas para liderar sus emociones de una manera sana. Dependiendo de su estado emocional, puede hacerse ciertas preguntas para aumentar su conciencia emocional.

Algunos ejemplos de estados emocionales son:

Contento. ¿Por qué me siento tan feliz? ¿Qué o quién ha producido este sentimiento? ¿Cuánto tiempo me he sentido de esta manera? ¿Cuándo fue la última vez que me sentí feliz? ¿Cuál es la fuente de este sentimiento?

Seguro. ¿Qué me hace sentir seguro ahora mismo? ¿Es esto un sentimiento continuo? ¿Cómo puedo activar este sentimiento cuando más lo necesito? ¿Cuál es la fuente de este sentimiento?

Triste. ¿Qué acontecimiento me llevó a este estado de tristeza? ¿Qué circunstancias en la vida me hacen sentir así? ¿Cómo puedo cambiar este sentimiento? ¿Cuál es la fuente de este sentimiento?

Experimentamos diferentes emociones mientras lidiamos con los asuntos de la vida. Por ejemplo, cuando nos sentimos traicionados, falsamente acusados, aprovechados, no apreciados, usados, recibimos elogios públicamente o en privado, nos sentimos honrados, respetados, o apreciados. Es en estos momentos en que nuestras emociones más necesitan un líder. Nuestro grado de conciencia emocional es vital para que podamos manejar las circunstancias de la vida de una manera saludable.

¿Puede derrotar a un enemigo invisible? ¿Es posible? Recuerde, de lo que usted está consciente lo puede controlar; de lo que está inconsciente lo controla a usted.

Una emoción no guiada es un enemigo personal combatido sin esperanza en el campo de batalla de la inconsciencia. Un proverbio africano dice, "Si no existe un enemigo interior, el enemigo exterior no puede hacernos daño." Los enemigos personales invisibles no derrotaron a aquellos que aumentan su conciencia emocional porque no pueden esconderse. Tiene mayores posibilidades de derrotar a un oponente que pueda identificar que uno cuya presencia desconoce.

3. RESPONDER EN VEZ DE REACCIONAR

Todos respondemos o reaccionamos ante circunstancias, lugares y personas. ¿Cuál es la diferencia? ¿Cómo sabe cuándo está participando en uno o el otro?

Una *reacción* es un curso de acción no procesado y no analizado que se toma para tratar una situación o persona que exige una respuesta inmediata. Esta respuesta se basa únicamente en su estado emocional actual. Por ejemplo, si usted se siente enojado, puede experimentar una precipitación caliente sobre su cuerpo que comienza en su abdomen, arrastrándose hasta su pecho, haciendo su camino a su rostro, posiblemente convirtiendo sus mejillas y orejas rojas. Cuando el curso de acción que usted toma es propulsado totalmente por este sentimiento, es una reacción. Una reacción circunvala el intelecto y le niega la oportunidad de procesar y analizar el asunto en cuestión. Abandonamos la razón cuando reaccionamos como resultado de ser liderados por nuestras emociones. Cuando se determina a reaccionar de cierta manera basado sobre la emoción inicial, muchos ni siquiera consideran una solución alternativa.

Una *respuesta* es un curso de acción racional e intencional para abordar una situación o persona que exige una respuesta inmediata. La respuesta no está dictada por su estado emocional actual. Los grandes líderes dirigen esa emoción a la grieta del alma — su mente. En esa recámara, las emociones se sujetan a la lógica ya la razón porque la emoción pura carece de estas características. Los cálidos sentimientos provocados por la ira pueden disminuir cuando las emociones se lideran a través de este proceso. Esta es la razón por la que los expertos sugieren contar hasta diez o tomar respiraciones profundas antes de responder a situaciones incómodas.

Su aumento de conciencia emocional le da la oportunidad de *responder* a las personas y situaciones. Una reacción es a menudo autodestructiva. Cuando la emoción disminuye, usted puede encontrarse lleno de arrepentimiento, deseando haber manejado (*respondido*) a la situación de manera diferente.

La elección de responder en lugar de reaccionar a las situaciones es como pasar por el lavacoches. Todos los elementos innecesarios que se aferran al vehículo se eliminan. El auto luce bien por fuera y huele muy bien por dentro.

4. RECICLE LAS EMOCIONES DESEADAS

En una época en la que se presta mucha atención al cuidado del planeta mediante el reciclaje y el consumo de productos ecológicos, ¿por qué no abrazar el concepto de reciclaje de las emociones que empoderan? ¡Me encanta este concepto! La mayoría de la gente lo practica regularmente ya sea que se dan cuenta o no. Lamentablemente, las emociones recicladas más frecuentemente no son las necesarias para alcanzar metas dignas.

Una persona en un estado constante de tristeza llega allí reciclando pensamientos desalentadores y autodestructivos. Esto ocurre cuando las personas se refieren a experiencias dolorosas pasadas y las reproducen una y otra vez en sus mentes. Las carreteras mentales y emocionales construidas por pensamientos y emociones indeseadas siempre conducen a la tristeza ya la desesperanza. La práctica repetida de este comportamiento hace que sea más fácil volver a la tristeza, la oscuridad y las imposibilidades. El reciclaje de las emociones que desalientan ocurre por los pensamientos no liderados. Es importante recordar que debemos guiar nuestros pensamientos y no ser guiados por ellos. Los pensamientos influyen directamente en nuestras emociones, lo que finalmente resulta en las acciones que tomamos.

La buena noticia es que puede elegir las emociones que experimenta. ¡Esta fue una gran revelación para mí! El hecho de que Dios nos ha dado la capacidad de determinar la emoción que deseamos experimentar, es un descubrimiento humano fascinante. Dios no determina ni controla sus emociones. Él le dio la habilidad de liderarlas. Usted disfruta de la vida más cuando lidera sus emociones responsablemente. Tenemos una habilidad dada por Dios para experimentar algo que deseamos sin importar nuestras circunstancias actuales. Esta cualidad distintivamente humana me sorprende mucho. Los animales carecen de autoconciencia; no entienden su existencia o propósito. Inconscientes de su latido del corazón o el color de la luna y el sol, simplemente existen.

Por el contrario, los seres humanos poseen la capacidad dada por Dios de vivir en un nivel superior de conciencia. Puedo sentirme triste al elegir reciclar emociones tristes. Sólo debo pensar en las experiencias de mi vida cuando sufrí para cultivar la tristeza. También puedo optar por sentirme como un ganador, vigorizado por los recuerdos de grandes logros en el pasado. Su mente es la habitación donde las emociones son recicladas por los pensamientos que usted elige lanzar en ella. Es hora de limpiar el ambiente mental reciclando pensamientos que generan emociones de empoderamiento.

En cierta ocasión, el pastor David (él no era el rey de Israel todavía) recicló emociones de empoderamiento. Cuando se acercó al rey Saúl como voluntario para luchar contra el gigante filisteo, Goliat, David fue desanimado, incluso se burlaron de él. David fue implacable y explicó: "He estado cuidando las ovejas y las cabras de mi padre. Cuando un león o un oso viene para robar un cordero del rebaño, yo lo persigo con un palo y rescato el cordero de su boca. Si el animal me ataca, lo tomo de la quijada y lo golpeo hasta matarlo. Lo he hecho con leones y con osos, y lo haré también con este filisteo pagano, ¡porque ha desafiado a los ejércitos del Dios viviente! ¡El mismo Señor que me rescató de las garras del león y del oso me rescatará de este filisteo!" (1 Samuel 17: 34-37 - NTV).

¿Puedes visualizar a David reciclando las emociones de sus victorias pasadas sobre los leones y los osos? ¿Puede sentir que su nivel de confianza y audacia aumentan al describir cómo superó a sus enemigos? En la mente de David, ¡ya había ganado! Era imposible no ganar. En su mente David vio su victoria y la derrota del gigante bajo su control. ¿Puede sentir el poder de reciclar las emociones de empoderamiento?

Las circunstancias en la vida no determinan cómo me siento; mi enfoque sí. Sólo yo poseo el poder de morar en pensamientos y experiencias que producen las emociones necesarias en cualquier momento. Me refiero a este proceso como el reciclaje de emociones. ¿Por qué permitir que una emoción poderosa y saludable se eche a perder, experimentándola sólo una vez? ¡Eso no es una buena administración de las emociones!

LA ZONA DE PODER

Trabajemos a través de un ejercicio de reciclado de emociones que yo llamo la *Zona de Poder*. A través de él, usted puede experimentar poderosos sentimientos de audacia y confianza en sí mismo cada vez que los necesite. Varias situaciones en la vida exigen que seamos valientes para afrontar la adversidad y realizar lo mejor posible cuando sea necesario. Cuando sentimos la presión de ponernos las pilas, a menudo nos falta la audacia y la valentía que se necesitan en ese momento.

Medite sobre cómo sería si pudiera desbloquear espontáneamente desde su interior un poderoso río de confianza que ahoga todos sus miedos y ansiedades. ¡Sí! Usted puede transportarse en *su* Zona de Poder al instante. El valor y la confianza en sí mismo estarán disponibles para usted cuando necesite la audacia de hablar en público, de hacer bien en una entrevista, de participar en una competición deportiva, hacer esa llamada telefónica o cita, hacer la venta, negociar con eficacia o intentar hacer algo nuevo. ¡Puede activar la audacia reciclando las emociones que lo transportan justo en medio de su Zona de Poder! Siga esta guía sencilla para ayudarle a crear y entrar en *su* Zona de Poder cualquier momento.

GUÍA PARA MI ZONA DE PODER

1. DETERMINE EL EVENTO QUE REQUIERE AUDACIA

¿Es confrontar a una persona, dar un discurso, hacer una presentación de negocios a su jefe o cliente, o prepararse para una entrevista, negociar con confianza o hacer la venta?

2. PERSONALICE SU ZONA DE PODER

Comience seleccionando una forma. Puede ser un círculo, óvalo, cuadrado, rectángulo, triángulo, estrella, corazón, diamante o cualquier forma libre que desee. Esta es su zona, usted la elige. ¿Tiene su forma? ¡Estupendo! Ésta es *su* Zona de Poder.

Imagine su Zona de Poder como a tres pasos de distancia de usted. Añada su color preferido a su zona. Haga que se destaque eligiendo un color llamativo. Introduzca música en su zona. Que sea viva y vigorizante. Elija una canción que lo emociona, lo hace querer bailar, gritar o hacer ejercicio. Es posible que desee agregar a su animal favorito en su zona e imaginar que se mueve con gracia o majestuosamente como un león. Todavía está fuera de su zona. Hasta ahora, sólo la está preparando. Esta preparación mental puede suceder si usted está en una muchedumbre o solo. ¡No me sorprendería si ya está sintiendo una sensación de confianza creciendo dentro de usted!

3. PIENSE EN EL MOMENTO MÁS FELIZ DE SU VIDA.

Esto podría ser cuando usted experimentó un gran sentido de logro o recibió un honor. Tal vez cuando se graduó de la escuela secundaria o la universidad, o cuando completó una tarea difícil y se sintió bien porque era un reto pero perseveró. Un buen ejemplo es escribir y publicar un libro. ¿Qué tal un comentario positivo en su revisión de trabajo, una nota de un amigo, una tarjeta de cumpleaños, boleta de calificaciones o una nota de un maestro enviado a sus padres sobre su maravilloso carácter y disciplina. Reviva los recuerdos de las personas que lo felicitan y lo encomiendan por su diligencia, persistencia y un trabajo bien hecho. Tal vez usted ha hecho una de esas decisiones duras e impopulares que inicialmente es incomprendida por los seres queridos, pero los resultados posteriores nos exoneran de todos los malentendidos. Seleccione una de las experiencias más enérgicas de su pasado para *reciclar* (revivir) poderosas emociones y desbloquear el valor que necesita ahora mismo. Recuerde el relato de David y Goliat — David recicló las emociones de éxito pasado para hacer frente a un gigante presente. Cuanto más vívidamente recrea la experiencia en su mente, más poderoso será su efecto.

Reproduzca su éxito a todo color. Visualícese a usted mismo recibiendo elogios y expresiones de amor en ese momento. Huela el perfume o colonia que usó cuando ocurrió. Escuche a la gente que comparte y se ríe. Escuche la música enérgica que se toca en el trasfondo. Preste atención a los sonidos de los niños jugando y riendo o los adultos conversando. Pruebe la deliciosa comida y dulces manjares del buffet preparado en su honor. Sienta las felicitaciones y abrazos apretados que recibe de amigos y familiares. Vea las sonrisas brillantes en las caras alrededor del salón. ¿Por qué no tocar el cheque de bono que su jefe una vez le entregó por su arduo trabajo? De la manera más vívida posible, recree la experiencia de empoderamiento con tanto detalle y emoción como sea posible.

4. ENTRE EN SU ZONA DE PODER

¡Ya está listo para entrar en su Zona de Poder! Mírela. Está situado tres pasos delante de usted, es la forma que usted eligió, contiene su animal preferido, colores, música, y su experiencia vívida con sensaciones, sonidos y olores incluidos. Su Zona de Poder está cargada con emociones de empoderamiento. El valor, la confianza y la audacia saturarán todo su ser el momento en que entre en ella. Usted se sentirá como un campeón, energizado y listo para asumir cualquier tarea.

¿Está listo? Tome cuatro pasos para situarse en el centro de su zona. Uno, dos, tres, cuatro. ¡Está dentro de *su* Zona de Poder totalmente sumergido y rodeado por ella! ¡Su zona es móvil! ¡Va donde quiera que usted va! Usted camina con confianza y habla con seguridad. ¡Al igual que David, ahora está equipado para hacer frente a su gigante!

¡Buen trabajo! Cuanto más practique este ejercicio, más auténtico se vuelve y sus resultados reflejarán esta mejora. Aumente el voltaje trayendo experiencias adicionales elevadoras en su Zona de Poder. ¡Todavía me asombro de esta extraordinaria herramienta proporcionada por Dios!

Debido a que las emociones son energía en movimiento, necesitan ser guiadas adecuadamente y ajustadas con frecuencia para evitar dañar a otros y a nosotros mismos. Los ríos generan cantidades masivas de energía a medida que sus corrientes mueven grandes volúmenes de agua. Tengo buenos recuerdos de los ríos prístinos en Belice, donde mi familia vivía cuando yo tenía nueve años de edad. Cuando me daban permiso nadaba todo el día. Una vez visitamos un río como de unas cuarenta yardas de ancho. Recuerdo ver una enorme roca en el otro lado. Yo quería nadar a través de las aguas cristalinas para alcanzar la roca. Mi padre no estaba muy contento con la idea debido al tamaño del río y nuestra falta de experiencia con este río en particular. Logré convencerlo de que me dejara ir, pero no antes de atar una cuerda alrededor de mi cintura. Recuerdo nadar a través de la aparentemente tranquila expansión de agua y sentir el poder de la corriente desviarme de manera persistente del camino deseado. Tuve que ajustar con frecuencia. Después de haber nadado mucho, llegué con seguridad a la roca y regresé mientras mi familia me animaba.

Nuestras emociones son similares a los ríos furiosos. Generan grandes cantidades de energía que puede traer devastación cuando no son lideradas o se dejan correr a lo loco. Afortunadamente, también podemos usar la intensidad de las emociones para impulsarnos hacia el camino del cumplimiento y el logro. ¡Ahora posee el conocimiento y las herramientas para navegar por esas poderosas olas de emoción!

Capítulo 4

LIDERANDO SU VOLUNTAD

La voluntad es la parte de nuestra alma donde se toman las decisiones. Cada acción o inacción pasa a través del filtro de su voluntad — cada vez. Está leyendo este libro ahora mismo porque tomó la decisión de hacerlo.

LA VOLUNTAD VS. EL INSTINTO

A diferencia de los seres humanos, los animales actúan sobre la base del instinto y no de la razón. Cuando persiguen y atrapan a las presas, las matan instintivamente. No pasan por una serie de pensamientos: "¿Es esta presa demasiado joven para matar? ¿Cómo se sentirá su madre? ¿Qué consecuencias tendré en el futuro?" No hay decisión que tomar, ni razonamiento, ni lógica para aplicar. Los animales dependen enteramente del instinto para su alimentación, seguridad y refugio. Un perro no se despierta por la mañana y revisa su agenda para averiguar dónde necesita ir ese día. No tienen listas de tareas pendientes. Carecen de la capacidad de planificar y razonar.

Los seres humanos están dotados de la capacidad de tomar decisiones conscientes, bien pensadas y deliberadas. Nuestra capacidad de tomar decisiones provee la base para nuestras acciones. Las acciones se fabrican en las recámaras de la voluntad humana.

SEA DUEÑO DE SUS ACCIONES

Sin tener la capacidad de tomar decisiones, la gente no sería responsable por sus acciones; no tendrían que ser dueños de ellas. Las decisiones se tomarían sin ninguna preocupación por las consecuencias resultantes. El liderazgo ineficaz en el área de la voluntad se evidencia por resultados indeseados en la vida. Considere las siguientes características de un liderazgo pobre de la voluntad:

La Voluntad	Comporta-miento	Consecuencia
Desentrenada	Indeciso	Decisiones deficientes y demoradas; postergación.
Desenfrenada	Impulsivo	Liderado por emociones; dado a deseos repentinos.
Ineficaz	Improductivo	Estéril; incapaz de producir resultados deseados.

Su voluntad necesita un líder. Usted no es su intelecto, sus emociones *o* su voluntad. Éstas son *todas* partes de su alma y cada una requiere un gran liderazgo.

USTED DECIDE

Tengo una gran noticia para usted: usted toma decisiones. Tengo malas noticias para usted: ¡usted toma decisiones! Todos estamos orgullosos de las decisiones geniales que hemos tomado. También podemos reflexionar y cuestionar el estado de ánimo en que estábamos cuando tomamos otras decisiones. ¿En qué pensábamos cuando las hicimos? Independientemente de la calidad de las decisiones que haya tomado, la lección importante es ser dueño (tomar responsabilidad) de ellas, aprender y usarlas para elevar la calidad de la toma de decisiones de su voluntad.

Tal vez participó en alguna actividad en la que pensó: "Yo participé no porque realmente quería, sino porque me sentía presionado para hacerlo". Incluso entonces, no podía pasar por alto su voluntad y tampoco debía utilizar ese razonamiento como una excusa. Simplemente eligió violar su voluntad y hacer algo en contra de sus propios deseos. Esa acción constituye una decisión de su voluntad, buena o mala.

MEJORANDO EL LIDERAZGO DE SU VOLUNTAD

El buen liderazgo consiste en tomar buenas decisiones. No puede liderar sin tomar decisiones. La persona que no se conduce a ningún lugar en la vida no tiene que preocuparse por tomar decisiones de calidad. Para aquellos con grandes aspiraciones y un deseo de superar en los asuntos personales y de negocios, las decisiones son clave. Como ya sabe, el liderazgo comienza desde dentro y cada parte de usted necesita un líder—su mente, sus emociones y su voluntad.

A continuación se presentan varios conceptos claves de comprender para mejorar el liderazgo de su voluntad.

ENTENDER SUS INFLUENCIADORES DE TOMA DE DECISIONES

Para obtener una conciencia sana de los influenciadores de toma de decisiones, uno debe identificar y comprender sus roles. Mientras que las circunstancias y el consejo de otros deben ser considerados, los dos influyentes más poderosos son su intelecto y sus emociones.

1. SU INTELECTO (LOS PENSAMIENTOS)

El intelecto posee la capacidad de pensar, aprender, comprender y razonar. Su intelecto alberga todo el conocimiento humano y la comprensión, por lo que es su principal influencia interna.

En el proceso de toma de decisiones, el intelecto recopila y analiza la información adquirida a través de experiencias pasadas. También utiliza la riqueza de conocimiento que ha acumulado a lo largo de su vida. El papel de su intelecto es reunir y presentar toda esta información a su voluntad para que pueda tomarse una decisión. Su intelecto no toma la decisión, su voluntad lo hace. La voluntad utiliza la información proporcionada por el intelecto para examinar, filtrar, separar los hechos de la ficción y tomar una decisión final. Así es como el intelecto influye en su proceso de toma de decisiones.

2. SUS EMOCIONES (LOS SENTIMIENTOS)

Las emociones influyen en las decisiones de una manera poderosa. Debido a que las emociones están vacías de razonamiento y principios de lógica, debemos permanecer conscientes de su papel primordial. Las emociones nos *alertan* y nos *preparan* para lidiar con los asuntos de la vida. Las emociones no deben ser la base para las decisiones.

Las emociones se activan principalmente por nuestro enfoque mental — nuestros pensamientos. Para probar esta afirmación, piense en alguien que una vez lo ofendió y le hizo mucho daño. Si usted no ha perdonado a esa persona y no ha sanado del dolor, las emociones como la ira, la venganza o la autocompasión son convocadas inmediatamente. Usted evocó esas emociones inyectando un pensamiento específico. Un pensamiento tiene un efecto inmediato en su estado emocional.

Si su voluntad es desenfrenada y carece de conciencia emocional, tenderá a tomar decisiones impulsivas. Usted se sentirá obligado a tomar acción (voluntad) basado en un impulso dictado por los sentimientos (emociones). Una gran parte de las decisiones que tomamos se cree que se basan en cómo nos sentimos en cualquier momento dado.

La Figura 3 demuestra el proceso mediante el cual obtenemos la mayoría de nuestros resultados. Por ejemplo, cuando pienso en el baloncesto, me da ganas de tirar al aro. Decido ponerme el equipo atlético y dirigirme a la cancha de baloncesto. El deseo de jugar al baloncesto puede haber sido provocado por una invitación de un amigo, o un pensamiento sobre cuánto disfruto jugar y visualizarme disfrutar de los beneficios de la actividad. El *resultado* es que fui a la cancha de baloncesto. La *decisión* fue influenciada por la *emoción* presente, desencadenada inicialmente por un *pensamiento*.

Figura 3 – Cómo obtenemos resultados

3. SU VOLUNTAD (LAS ACCIONES)

Todas las decisiones se toman en la voluntad pero no antes de ser fuertemente influenciadas por nuestros pensamientos y sentimientos. Las decisiones van acompañadas por las acciones y las acciones son las que determinan los resultados.

Si no está satisfecho con los resultados que está recibiendo y busca el cambio, ¿dónde sería el mejor lugar para comenzar? ¿Será ponerle atención a sus acciones, sentimientos o pensamientos? Sus resultados no son el producto de sus acciones y emociones solamente. Sus pensamientos crean un efecto dominó que influye en todo el proceso de toma de decisiones. Por lo tanto, nos damos cuenta de la importancia de liderar adecuadamente cada pensamiento para lograr los resultados deseados.

Con esta conciencia, la mejora de la calidad de sus decisiones viene natural y fácilmente. Sus resultados no están dictados por sus emociones fluctuantes, carentes de moralidad y juicio. Ahora ha aprendido el poder de sus pensamientos para influir sus emociones. Las emociones afectan significativamente las decisiones que conducen a un resultado final. ¿Busca un resultado diferente? ¡Cambie el pensamiento!

PARTE 2
DOMINANDO LA INSPIRACIÓN

La inspiración existe no tanto para conmoverlo a derramar lágrimas como para motivarlo a la acción.

Capítulo 5

ACTIVE LA INSPIRACIÓN

¿Qué lo inspira? ¿Qué enciende su pasión por la vida? El segundo componente del Modelo de Liderazgo Personal LIMA es *la inspiración*. En esta sección aprenderá a dominar el arte de la inspiración, un elemento de la ecuación del éxito.

Las personas sin inspiración son:

- Desmotivados
- Improductivos
- Pesimistas

Las personas con inspiración son:

- Motivados
- Productivos
- Optimistas

La falta de inspiración hace que la gente se concentre en las imposibilidades. La inspiración ve la posibilidad y cambia nuestra perspectiva. Cuando vemos a alguien "desfavorecido" lograr algo de gran importancia, nos inspira. Se abre automáticamente un mundo de potencialidad. Considere los siguientes hechos sobre individuos que desafiaron la realidad y cambiaron el mundo.

- No tengo que ser un gigante para matar a los gigantes - *el Rey David*, un humilde pastor que se convirtió en el

Rey mayor de Israel.
- Puedo ser disléxico, venir de un hogar disfuncional y todavía influir en el mundo - *Peter J. Daniels*, un hombre de negocios, empresario y autor de más éxito que subió de la pobreza a increíble riqueza.
- Puedo nacer sorda y ciega y aun así ser autora y conferenciante - *Helen Adams Keller*, la primera persona sorda-ciega en obtener un título de Licenciado en Artes.
- Puedo tener un impedimento físico y todavía vivir mi propósito de vida - *David Ring*, nacido con parálisis cerebral que se convirtió en un orador motivacional en todo el mundo.
- Puedo ser tetrapléjica y todavía liderar una organización internacional para acelerar el ministerio en la comunidad de discapacitados - *Joni Eareckson Tada*, se convirtió en tetrapléjica como adolescente.
- Puedo nacer sin brazos y piernas y todavía impactar el mundo - *Nick Vujicic*, orador motivacional, autor, empresario, esposo y padre.
- Puedo fallar varias veces ¡pero puedo intentar de nuevo y ganar! - *Abraham Lincoln*, después de perder múltiples elecciones para el congreso, el senado y la vicepresidencia se convirtió en el decimosexto presidente de los Estados Unidos.
- Puede que yo tenga un impedimento en el habla y lleve a millones a la libertad - *Moisés*, un fugitivo que se convirtió en el gran libertador de Israel que llevó a los israelitas de la esclavitud de Egipto a su Tierra Prometida.

Sin duda, usted puede pensar en muchos más ejemplos de personas que hicieron su huella en este mundo. Si estas personas pueden hacerlo, ¡también puede usted! Usted no tiene que ser el más brillante o el mejor para lograr. Usted pudo haber nacido en una gran desventaja ¡y todavía hacer algo grande con su vida!

¿QUÉ ES LA INSPIRACIÓN?

La inspiración es una *fuente* que motiva a la gente a actuar. La superación personal, ayudar a otra persona o lograr un objetivo deseado son todas inspiraciones. Un estado de inspiración resulta cuando una parte de nuestra alma es tocada. Puede ser la mente, las emociones o la voluntad. La inspiración no tiene por qué ser misteriosa o difícil de entender. La inspiración es única para cada uno de nosotros. Lo que encuentro inspirador puede no inspirarle. Hay fuentes variadas de inspiración.

EL PROPÓSITO DE LA INSPIRACIÓN

La inspiración existe no tanto para conmoverlo a derramar lágrimas como para motivarlo a la acción. Sin acción, la inspiración es inútil. Sólo se reduce a las lágrimas o le da una sensación de euforia.

La mayoría de las personas que hacen grandes contribuciones a nuestra sociedad han sido inspiradas por alguien o algo. La prueba de su inspiración es evidente en el increíble trabajo que han hecho.

LA INSPIRACIÓN SE VE Y SE TOCA

Cuando entrevistan a grandes triunfadores, a menudo se les pregunta:

- ¿Qué lo inspiró a escribir este libro?
- ¿Qué lo inspiró a iniciar su propio negocio sin mucho dinero o educación superior?
- ¿Qué lo inspiró a superar la adicción a las drogas?
- ¿Qué lo inspiró a diseñar esta casa o edificio?
- ¿Qué lo inspiró a empezar un orfanato?
- ¿Qué lo inspiró a iniciar un programa de alimentación?
- ¿Qué lo inspiró a crear un refugio para mujeres?

Sin inspiración, estas personas nunca hubieran hecho algo grande. Su inspiración es visible y tangible en el trabajo que hacen por sus comunidades y por ellos mismos.

La inspiración también se puede ver y tocar. Puede ser en la forma de lograr su peso deseado; escribir ese libro que ha estado posponiendo; componer una canción que sigue sonando en sus oídos; terminar un proyecto de casa que traerá una gran mejora; completar una certificación que aumentará sus ingresos; obtener un título que abrirá oportunidades para elevar su estilo de vida; hacer esas ventas que mejorarán dramáticamente sus finanzas, o involucrarse en el trabajo caritativo que se beneficie de sus talentos. ¿Cuáles son sus fuentes de inspiración que lo impulsan a lograr? Vamos a descubrirlas.

Capítulo 6

Sus Fuentes de Inspiración

La inspiración es una *fuente*. La inspiración se define como "el proceso de ser mentalmente estimulado para hacer o sentir algo, especialmente para hacer algo creativo". En este capítulo, identificará sus fuentes de inspiración. También señalará qué parte de su alma tocan estas fuentes, un componente muy importante de identificar. Tener estos dos aspectos definidos le permitirá "activar" un estado de inspiración siempre que sea necesario.

Desde que descubrí esta increíble habilidad dada por Dios, empecé a buscar mis propias fuentes de inspiración. Categorizo mis fuentes de inspiración por su nombre y añado historias, canciones o artículos que me inspiran.

Para identificar sus fuentes de inspiración, piense en una época en la que se sintió muy inspirado. ¿Quién o qué lo inspiró? Fue:

- El descubrimiento de nueva información
- Alguien que logró algo grande contra todas las probabilidades
- Una visita a la sala de emergencias
- Evitar un accidente automovilístico
- Una canción
- Un libro

- Un poema
- Una película
- Un salmo o una cita que provoca la reflexión
- La historia de un gran realizador
- La emotiva historia de una persona común
- Contribuir al éxito de alguien
- Alentar a los demás
- Dar tiempo o dinero a otros

Ahora que ha identificado sus fuentes de inspiración, pasamos al segundo paso. El segundo paso es identificar qué partes de su alma son tocadas. ¿Qué parte de su ser toca?

- La mente - su intelecto
- Las emociones - sus sentimientos
- La voluntad - sus decisiones

IDENTIFIQUE SUS FUENTES DE INSPIRACIÓN

Conocer sus fuentes de inspiración liberta y empodera. Esto significa que usted puede liderarse a sus fuentes, al igual que se lidera a un pozo en el que puede sacar una fuente de inspiración ¡en cualquier momento que sea necesario! Usted también es una fuente de inspiración para alguien más. Usted es un regalo para los demás. La vida de alguien será enormemente enriquecida por su presencia.

En el proceso de alcanzar los objetivos, nos encontraremos con situaciones que pueden distraer o desalentar. Si el progreso va a continuar, debemos evitar el desaliento y el pesimismo, conduciéndonos a las fuentes abundantes de inspiración ya identificadas.

Usted puede acceder el manantial vigorizante repetidamente cuando usted ha identificado sus fuentes de inspiración. La inspiración está más fácilmente disponible de lo que sabía. Para dominar este arte, haga una lista de cosas que lo inspiran. Alcance profundamente e identifique sus fuentes de inspiración. Tómese el tiempo necesario con este paso crítico.

Por ejemplo, algunas de mis fuentes de inspiración son las siguientes:

- Ayudar a las personas a descubrir su propósito de vida.
- Autodescubrimiento - soy una obra maestra del Diseñado más genial.
- La madurez de mis hijas y la profundidad de su comprensión espiritual.
- Gianna (mi hija mayor) y su pasión por contribuir en la vida de los demás.
- El "Club de Solución de Problemas" que Gianna comenzó en su escuela cuando estaba en segundo grado.
- Gianna escribir su primer libro a los siete años de edad.
- Nathalia (mi hija menor) alegre, burbujeante y con una personalidad sin filtro.
- La disciplina de mi esposa para hacer las cosas.
- El conocimiento de que soy un regalo para alguien más en este mundo.
- Mejorar la vida de mis clientes ayudándoles a superar los obstáculos que les impiden avanzar.

¡A través de mis enseñanzas, ayudo a desbloquear la verdad, la revelación o la inspiración que impacta a las personas para el resto de sus vidas! Esto me inspira a fortalecerme, mejorar y crecer continuamente.

Dominar el arte de la inspiración es:

- *Identificar* lo que lo inspira.
- Evitar cualquier cosa que sofoca su estado de inspiración.
- Tener la capacidad de liderarse o exponerse a la inspiración siempre que lo necesite.

¿Por qué es tan importante identificar sus fuentes de inspiración? Si no tenemos un nombre para algo, ¿cómo podemos accederlo? ¿Por qué Dios le dio a Adán la tarea de nombrar a los animales? Tal vez esta respuesta de James de nueve años de edad ayuda:

> *Si Adán no hubiera nombrado a los animales,* **no distinguiéramos un animal del otro***. Podríamos comer cerebros de vaca para el desayuno, tripas de lagartija para el almuerzo y dedos del pie de perro para la cena.*[1]

¡Oh, las profundas revelaciones que podemos aprender de la boca de los niños!

Sin nombres propios para los animales, no seríamos capaces de distinguir uno del otro; ni Adán habría notado que no había ninguna ayuda apropiada para él. En Génesis 2:20 (LBLA) dice que Adán "puso nombre a todo ganado y a las aves del cielo y a toda bestia del campo, mas para Adán no se encontró una *ayuda que fuera idónea* para él." El versículo 19 dice: "... y como el hombre *llamó* a cada ser viviente, *ése fue su nombre*". Esta es una profunda revelación. Los hombres y las mujeres tienen el poder de nombrar las cosas y eso es especial y único para el hombre. Este versículo hace un poco más de sentido ahora, "La muerte y la vida están en poder de la lengua, y los que la aman comerán su fruto". (Proverbios 18:21).

Es importante identificar y nombrar a nuestras "ayudas idóneas", nuestras fuentes de inspiración, para volver a encender nuestra pasión y hacernos volver a la pista para completar nuestros objetivos. Porque somos únicos, tenemos fuentes que nos inspiran individualmente. Lo que a mí me inspira no necesariamente le inspirará y viceversa. Dios creó sólo uno de usted. Sus provocadores de inspiración son exclusivos o "adecuados" para usted y usted solamente.

EJERCICIO DE SUS DIEZ FUENTES DE INSPIRACIÓN

Identifique diez fuentes de inspiración y añada una breve descripción de cómo y por qué lo inspiran. Sus fuentes de inspiración podrían ser personas, lugares, actividades, ideas o cosas que lo inspiren a tomar acción y completar la tarea a mano. La inspiración podría ser algo tan simple como obsequiarse su helado favorito. Podría ser un amigo especialmente motivador e inspirador o miembro de la familia. Identifique y nombre sus fuentes de inspiración.

Mi fuente	Cómo y por qué me inspira
1._____	_____
2._____	_____
3._____	_____
4._____	_____
5._____	_____
6._____	_____
7._____	_____

8._____ _____

9._____ _____

10._____ _____

Ahora que ha identificado sus fuentes de inspiración, llámelos por su nombre, ¡revigorice su pasión, corrija su enfoque y desencadene un estado de inspiración en un instante!

IDENTIFIQUE SUS ASESINOS DE INSPIRACIÓN

Saber tanto lo que enciende y lo que suprime su estado de inspiración es vital. ¿Cuáles son sus asesinos de inspiración? Ellos pueden ser:

- Una creencia incorrecta o incapacitante sobre sí mismo
- Incapacidad de perdonarse a sí mismo
- Incapacidad de perdonar a otros
- Condenación
- Vergüenza
- Culpabilidad
- Perfeccionismo
- Un lugar
- Una persona

Al identificar a sus asesinos de inspiración, usted puede evitar o confrontarlos. Esta acción protegerá su estado de inspiración.

EJERCICIO SUS CINCO ASESINOS DE INSPIRACIÓN

No puede luchar contra un enemigo que no puede ver, y mucho menos ganar la batalla. Identifique cinco asesinos de inspiración y añada una breve descripción de cómo superará cada uno. Sus asesinos de inspiración podrían ser personas, lugares, actividades, ideas o cosas que le paralizan. Nómbrelos y diseñe un plan de acción para impedirles sabotear su futuro.

Asesino	**Cómo lo supero**
1._____	_____
2._____	_____
3._____	_____
4._____	_____
5._____	_____

PARTE 3
DOMINANDO LA MOTIVACIÓN

"La mejor motivación es la auto-motivación. El tipo dice: 'Ojalá alguien venga y me anime.' ¿Y si no aparece? Tiene que tener un plan mejor para su vida."

Jim Rohn

Capítulo 7

ACTIVE LA MOTIVACIÓN

¿De dónde viene la motivación? ¿Dónde se esconde cuando más la necesitamos? ¿Está la motivación a nuestra disposición, cuándo y por cuánto tiempo? El legendario motivador Zig Ziglar dijo una vez: *"La gente suele decir que la motivación no dura. Bueno, tampoco dura el baño, por eso lo recomendamos todos los días."*

Experimentamos motivación externa o interna. La anterior es determinada por los demás, mientras que la segunda por el liderazgo personal. La motivación externa viene de amigos, compañeros de trabajo y seres queridos que nos animan a lograr objetivos y crear cambios. Nos dan una palmada en la espalda y dicen, "¡un trabajo bien hecho!" Por mucho que nos gusta ser alentado por otros, la realidad es que no sucede siempre. Si las personas no están de acuerdo con nuestros objetivos, a menudo nos desaniman. Por esta razón, la capacidad de reavivar nuestras fuerzas motivacionales internas es un arte que necesitamos dominar. Al hacerlo, nos hacemos dueños de nuestras vidas y alcanzamos las metas que deseamos.

¿QUÉ ES LA MOTIVACIÓN?

La motivación es una *fuerza*, un combustible que nos enciende y nos mueve a la acción. La motivación se define como: "Una fuerza motivadora, estimulante o influencia".

EL PROPÓSITO DE LA MOTIVACIÓN

El propósito de la motivación es iniciar o continuar una acción. ¡La motivación emocional es lo suficientemente poderosa para superar la fatiga física!

Un atleta que gana una carrera tiene más fuerza que uno que pierde. El ganador a menudo salta, corre y da vueltas, incluso después de gastar cantidades abundantes de energía en el evento real. La motivación emocional alimenta su cuerpo fatigado. Los perdedores se quedan sin aliento y terminan sin una onza de fuerza restante.

DOS PRINCIPALES MOTIVADORES

1. DOLOR (PÉRDIDA)

Eliminar o disminuir el dolor puede ser una poderosa fuerza motivacional.

2. PLACER (GANANCIA)

Experimentar o aumentar el placer también puede ser una poderosa fuerza motivacional.

EJERCICIO PARA IDENTIFICAR SUS FUERZAS MOTIVACIONALES

El siguiente ejercicio le ayudará a identificar sus fuerzas de motivación.

¿Qué lo motiva y por qué? ¿Es un lugar, una canción, un libro, una película, un futuro deseado?

_____

_____

¿Quién lo motiva y por qué?

_____

_____

¿Quién lo anima? ¿Cómo lo animan?

_____

_____

¿Qué ha hecho para mostrar aprecio a sus motivadores?

_____

_____

¿Saben estas personas el valor que agregan a su vida?

_____

_____

EVITAR EL DOLOR Y SEGUIR EL PLACER

Podemos motivarnos para hacer casi cualquier cosa si *asociamos* un pensamiento o una actividad a un placer deseado. Algunas personas trabajan más para evitar el dolor que para disfrutar del placer. Saber qué motivador enciende su impulso personal es clave. El dolor y el placer pueden controlarnos o podemos usarlos como motivación para lograr algo que deseamos o evitar algo indeseable.

EL PODER DE LA ASOCIACIÓN

Una meta sin asociación al dolor o el placer es sólo una idea. Si no tiene nada que perder o ganar, ¿qué diferencia hace si lo logra? ¡Imagínese completar cuatro años de escuela secundaria y no recibir un diploma! La tasa de deserción sería mucho mayor sin las credenciales y el reconocimiento que acompañan a este logro.

Un amigo mío una vez compartió que él no sabía que podía saltar una cerca de ocho pies hasta que fue perseguido por un pitbull. ¡El dolor asociado con las mordeduras del perro y las vacunas contra la rabia lo convirtió en superhombre! Sin la asociación del dolor o el placer, él nunca consideraría posible alcanzar tal hazaña física.

Usted también puede saltar sobre su propia "cerca de ocho pies" y superar los obstáculos cuando asocia suficiente dolor o placer a sus metas dignas.

JESÚS SE MOTIVÓ A TRAVÉS DE LA ASOCIACIÓN

Jesús encontró maneras de motivarse para soportar el mayor sufrimiento y oposición del hombre y el diablo contra Él:

Puestos los ojos en Jesús, el autor y consumador de la fe, quien por el gozo puesto delante de Él soportó la cruz, menospreciando la vergüenza, y se ha sentado a la diestra del trono de Dios. Considerad, pues, a aquel que soportó tal hostilidad de los pecadores contra sí mismo, para que no os canséis ni os desaniméis en vuestro corazón. (Hebreos 12: 2-3 - LBLA)

Albert Barnes, autor de *Notas de Barnes sobre el Nuevo Testamento*, explica lo siguiente acerca de estos versículos:

Hay un grado de deshonra que atribuimos a la guillotina, pero la ignominia de una muerte en la cruz era mayor que eso; Hay desgracia en el bloque, pero la ignominia de la cruz era mayor que eso; Hay una infamia mucho más profunda unida a la horca, pero la ignominia de la cruz era mayor que eso. Y esa palabra -la cruz- que ahora proclamada a los oídos de los refinados, de los inteligentes y de los frívolos, expone una idea de honor a los oyentes de Atenas, de Corinto y de Roma, excitó un disgusto más profundo de lo que la palabra "horca" hace con nosotros, pues era considerado como el castigo apropiado de los más infames de la especie humana.[1]

Durante los tiempos de Jesús, la manera más humillante y vergonzosa de morir fue la crucifixión. Este tipo de muerte causó el mayor grado de deshonor y fue horriblemente dolorosa. ¿Dónde encontraría alguien la fuerza para afrontar tal proespectro?

Esta Escritura abre un mundo de posibilidades para aquellos que desean realizar grandes cosas. Proporciona una clave para volver a liberar el potencial, haciendo posible lo imposible. Jesús terminó la muerte horrible en la cruz asociando el placer o la alegría por venir, *"quien por el gozo puesto delante de él soportó la cruz"*.

¿Qué es esta asociación? ¿Qué asoció Jesús con Su meta de morir en la cruz? Él asoció el placer y la alegría que Su muerte lograría para la humanidad. Barnes señala:

... que en vista de todo el honor que él tendría a la diestra de Dios y de la felicidad que él experimentaría de la conciencia de haber redimido un mundo, estaba dispuesto a soportar los dolores relacionados con la expiación.[1]

Esta verdad bíblica revolucionó mi punto de vista acerca de nuestra capacidad dada por Dios de motivarnos a través de la asociación de placer o dolor. Cuando asocia suficiente dolor o placer, puede lograr cualquier cosa. Puede correr más rápido, hacer más ejercicio y profundizar más.

Capítulo 8

SU MOTIVADOR DOMINANTE

En este capítulo, identificará su principal motivador, dolor o placer, y aprenderá a activarlo espontáneamente.

EJERCICIO DEL DOLOR Y PLACER

Piense en un objetivo que desea alcanzar en las próximas cuatro a seis semanas. Puede ser cualquier cosa, desde la limpieza del garaje, la organización de todos sus documentos o imágenes en su computadora, perder unas pocas libras, comer más saludable, dejar de fumar, o cuadrar sus cuentas personales o de negocio. Sea cual sea su objetivo, escríbalo e incluya la fecha de finalización.

Meta:

_____

_____

_____

Ahora usted asociará los placeres que experimentará al completar su meta y el dolor que sentirá si falla.

Para asociar el *placer*, imagine el futuro. ¡Lo hizo! Cumplió su meta. Responda lo siguiente:

¿Qué pensamientos están pasando por su mente ahora que ha logrado su meta?

_____

¿Qué está diciendo de usted?

_____

¿Qué tipo de alivio experimenta?

_____

Describa su sentido del logro.

_____

¿Cómo es sentirse empoderado?

_____

¿Cómo se siente tener impulso a su favor?

_____

¿Qué dice la familia y los amigos sobre usted?

_____

¿Cómo está celebrando el logro?

_____

¿Qué *PLACERES* adicionales (ganancias) está experimentando?

_____

Observe el nivel de motivación (fuerza) que siente cuando se enfoca en los *placeres* de llevar este objetivo a su fin.

Para asociar el *dolor* de no completar su meta, imagine el futuro. No alcanzó su meta. El garaje todavía está lleno, las libras adicionales todavía existen, las fotos en su computadora siguen siendo un lío y las cuentas no se cuadran todavía. Responda lo siguiente:

¿Qué pensamientos están pasando por su mente mientras piensa en no completar su meta?

_____

¿Qué está diciendo de usted?

_____

¿Qué malestar está sintiendo?

_____

¿Qué riesgos está tomando?

_____

¿Se siente incapacitado o incompetente?

_____

¿Cómo se siente estando estancado?

_____

¿Qué dicen los amigos y la familia de usted?

_____

Analice cuidadosamente el nivel de motivación asociado con el dolor o las pérdidas de no completar su objetivo. Utilizando esta información, *asocie* al menos cinco placeres y cinco dolores a su objetivo

Placeres asociados con mi objetivo:

1. _____

2. _____

3. _____

4. _____

5. _____

Dolores asociados con mi objetivo:

1. _____

2. _____

3. _____

4. _____

5. _____

Usando una escala del 1 al 10, siendo 10 el más alto, mida el nivel de fuerza motivacional que cada una de estas asociaciones proporciona.

Nivel de motivación experimentado asociando *placeres*

1   2   3   4   5   6   7   8   9   10

Nivel de motivación experimentado asociando *dolores*

1   2   3   4   5   6   7   8   9   10

¡Felicitaciones! Acaba de descubrir lo que más lo motiva a tomar medidas. Ahora puede asociar objetivos al factor que más lo motiva: el dolor o el placer. Cada uno de nosotros es único.

Al identificar esta cualidad particular, usted está en camino para dominar el arte de la motivación personal.

Sus resultados ya no dependen de los esfuerzos de otra persona. ¡Usted está accediendo su propio depósito disponible para usted en cualquier momento!

PARTE 4
DOMINANDO LA ACCIÓN

"Los sueños no funcionan a menos que tome acción. La manera más segura de hacer realidad sus sueños es vivirlos."

Roy T. Bennett

Capítulo 9

TOME ACCIÓN

Sin cambios y acciones su futuro es su presente—prolongado. Si no tomamos acciones y hacemos cambios, nuestro futuro permanece esquivo y nuestro presente se extiende. Necesitamos el presente para crear un mañana diferente. Nuestro futuro está determinado por las acciones que estamos dispuestos a tomar, dictadas por los objetivos que deseamos alcanzar. El potencial para un mañana *diferente* reside en los cambios que se hacen hoy.

Usted ha aprendido a liderarse a sí mismo, descubrió sus fuentes de inspiración e identificó sus fuerzas de motivación. Ahora puede hacer realidad sus sueños, metas e ideas increíbles. Usted está listo para avanzar y realizar lo que se ha propuesto lograr.

¿QUÉ ES LA ACCIÓN?

La acción es un *acto* de la voluntad. Manifiesta lo que usted persigue con diligencia. La acción es evidencia de su fe. Su fe se ve a través de sus acciones.

Porque así como el cuerpo sin el espíritu está muerto, así también la fe sin las obras [acciones] está muerta. (Santiago 2:26 - LBLA).

EL PROPÓSITO DE LA ACCIÓN

La acción da vida a conceptos e ideas que podemos tocar, sentir y disfrutar. La acción es representativa de algo vivo. Nuestro universo está en movimiento constante y este movimiento es vital para la vida continua tal como la conocemos.

Todo lo que se mueve está vivo. Todo lo que no se mueve está muerto o muriendo. Incluso la naturaleza lo reconoce. A menudo los animales juegan a muertos (se vuelven inactivos) cuando enfrentan peligro. Los buitres se reúnen alrededor de los animales muertos y los que están muriendo lentamente. El instinto de los buitres los lleva a presas que se mueven lentamente (poca acción) o no se mueven en absoluto (inacción) cuando es hora de festejar.

CÓMO SUPERAR LA POSTERGACIÓN

La postergación no es la inacción, sino el retraso de la acción. La postergación se define como *"la acción* de retrasar o posponer algo." Sin embargo, la decisión de no hacer nada constituye una acción o decisión tomada por su voluntad.

Una manera práctica de superar la dilación es mediante la visualización de su proyecto o meta completa. En el capítulo anterior, usted realizó el ejercicio de asociar placer o dolor a sus metas. Como el gran líder en que se está convirtiendo, usted puede vencer la postergación al liderase a fuentes de inspiración. Puede desbloquear fuerzas motivacionales asociando dolor o placer a sus objetivos deseados.

VENTANAS DE OPORTUNIDAD PARA ACTUAR

¿Alguna vez ha sentido un fuerte impulso para llevar a cabo una tarea que no estaba en su agenda actual? El impulso fue tan poderoso que dejó todo lo demás y, al hacerlo, logró mucho en relativamente poco tiempo.

Prestar especial atención a estas impresiones es sabiduría. Son invitaciones a tomar medidas. Las invitaciones tienen un plazo específico debido a la coordinación necesaria para orquestar ese momento especial. Si llega demasiado tarde a una fiesta de cumpleaños, el pastel podría haber desaparecido. El fracaso en reconocer ventanas de oportunidad puede dificultar nuestro progreso hacia los objetivos y los placeres resultantes de lograrlos.

TOMANDO ACCIÓN

La forma más pequeña de acción tomada hoy vale más que todas las intenciones pasadas, presentes y futuras. Usted debe tomar acciones para lograr sus metas y sueños. Una acción pequeña avanza hacia los resultados deseados. Al aprender a liderarse a sí mismo, descubrió lo que lo inspira y lo motiva. ¡Está cerca de la línea de meta de lo que se propuso lograr! Los cambios y las acciones dan nacimiento a su futuro.

Capítulo 10

CRUCE LA LÍNEA DE META

En los próximos seis meses, ¿qué cinco metas le gustaría lograr que tuvieran un impacto significativo en usted mismo, en su familia, en su carrera, en su negocio o ministerio?

EJERCICIO DE MIS ACCIONES

Haga una lista de cinco metas que le gustaría lograr en los próximos seis meses. Éstas pueden ser cualquier actividad como:

- Finalizar un proyecto de casa incompleto.
- Limpieza del garaje.
- Reorganizar su armario y donar ropa que ya no usa.
- Perder unas pocas libras.
- Cambiar sus hábitos alimenticios.
- Iniciar una nueva rutina diaria de ejercicios.
- Escribir un libro que ha estado dilatando.
- Prepararse para un examen de certificación que elevará sus ingresos y estilo de vida.
- Pulir sus habilidades para mejorar su negocio.

- Afilar las habilidades de entrevistas para asegurar su trabajo ideal.
- Registrarse para las clases para comenzar o completar un título.
- Tomar una clase de cocina que ha considerado con entusiasmo.
- Ahorrar para unas las vacaciones de su sueño.
- Ahorrar para comprar su casa ideal o mudarse a un barrio mejor.
- Empezar una nueva carrera o negocio.

Su lista puede incluir cualquier cosa que desee. No se sienta culpable o egoísta. Sólo tiene una vida para vivir. Maximice su potencial estableciendo metas significativas con gran impacto en su vida y sus seres queridos. Ahora que usted tiene una lista mental, anótelas. Sea claro y específico. Los objetivos poco claros y ambiguos producen resultados decepcionantes. Los objetivos claros, sencillos, específicos y medibles producen resultados satisfactorios.

Una visión escrita tiene mayor posibilidad de convertirse en una realidad: "...escribe la visión y grábala en tablas, para que corra el que la lea." (Habacuc 2:2 - LBLA).

MIS 5 METAS PARA LOS SIGUIENTES 6 MESES

1. _____
2. _____
3. _____

4. _____

5. _____

Con cinco metas claramente definidas y registradas por escrito, ahora debe planificar y analizar con el fin de tomar medidas de acción específicas y concretas.

Porque, ¿quién de vosotros, deseando edificar una torre, no se sienta primero y calcula el costo, para ver si tiene lo suficiente para terminarla? (Lucas 14:28 - LBLA).

En primer lugar, identifique los *cambios* necesarios para llegar al futuro que usted desea. ¿Necesita cambiar la forma de gestionar su tiempo? ¿Necesita comer con más moderación? ¿Es necesario un cambio de enfoque o perspectiva? ¿Necesita reemplazar una creencia autodestructiva, "No puedo, porque ..." con un perspectiva de empoderamiento, "Sí puedo porque ..." ¿Necesita liderar sus pensamientos con más consistencia y eficiencia? ¿Posee un hábito poco saludable que necesita ser cambiado? ¿Qué tal si decide, a partir de ahora, terminar lo que empieza?

CAMBIOS QUE DEBO TOMAR

1. _____

2. _____

3. _____

4. _____

5. _____

Después de identificar los cambios necesarios, ¿qué acciones son esenciales para crear el futuro que visualiza? ¿Será hacer ejercicios dos a tres veces por semana? ¿Será mejorar su planificación? ¿Será contratar un orientador personal? ¿Será llegarse a alguien para obtener orientación y apoyo? ¿Será encontrar un mentor que le puede ayudar? ¿Será poner su plan por escrito? ¿Qué necesita disminuir? ¿Qué necesita aumentar?

ACCIONES QUE DEBO TOMAR

1. _____

2. _____

3. _____

4. _____

5. _____

Responda las siguientes preguntas para recopilar información adicional y ayudarle a alcanzar los objetivos deseados.

¿A quién conozco que ha hecho algo similar a lo que me gustaría lograr? Escriba el nombre y la fecha en que lo contactará.

_____

¿Qué mentores conozco que podrían guiarme cuando me proponga completar mis metas?

_____

¿Qué necesito para diseñar mi plan de acción? ¿Hay una clase ofrecida que expondrá mis conocimientos sobre el tema?

¿Qué necesito para investigar sobre mi meta?

¿Qué debo hacer para mantenerme enfocado en el logro de mis metas?

CRUCE LA LÍNEA DE META

El logro exitoso de cada meta deseada demanda cambios y requiere acciones. Sus *cambios* y *acciones* dan nacimiento a un mañana diferente.

Al liderarse a sí mismo de manera efectiva y aplicar esta plantilla a todos los objetivos futuros, ¡cruzará la línea de meta cada vez!

Todos ustedes han estado en el estadio y han visto correr a los atletas. Todos corren; uno gana. Corre para ganar. Todos los buenos atletas entrenan duro. Lo hacen por una medalla de oro que se empaña y se desvanece. Tú estás buscando una que es oro eternamente. No sé sobre ti, pero yo estoy corriendo duro para la línea de meta. Le doy todo lo que tengo. ¡No hay vida descuidada para mí! Estoy alerta y en condiciones óptimas. No seré sorprendido tomando una siesta, diciéndole a todos los demás todo sobre ello y luego perdiéndome a mí mismo. (1 Corintios 9:24-26 – MSG, traducida al Español por el autor).

¡Termine fuerte! Alcance sus metas con valentía, intención, disciplina y determinación. ¡Cruce la línea de meta!

EPÍLOGO

Usted ha aprendido los secretos útiles para dominar el arte del liderazgo personal. Ha adquirido la habilidad de liderarse conduciendo su mente, sus emociones y su voluntad. Ser víctima de sus pensamientos y sentirse incapaz de liderar es cosa del pasado. Usted es el líder de su mente y sólo permite que los pensamientos de calidad dejen su huella en ese precioso recurso.

Ha descubierto lo que le inspira. Ha nombrado sus fuentes de inspiración y ha aprendido a liderarse a sí mismo a esas fuentes.

Ha diseñado su "Zona de Poder" personal. Ha aprendido a reciclar las emociones de empoderamiento en cualquier momento y en cualquier lugar.

Ha identificado sus fuerzas de motivación. Ha aclarado si es más motivado por el dolor o el placer.

Sus fuentes personales de inspiración y motivación son el trampolín que le propulsan a la acción enfocada y a cruzar la línea de su meta.

Ha diseñado una ruta personalizada que lo lleva al lugar de máximo logro. El logro máximo no es una ilusión Es real y ha aprendido la ruta para encontrarlo. Ahora puede tomar medidas enfocadas utilizando recursos de liderazgo efectivo, provocando estados de inspiración y desbloqueando fuerzas motivacionales.

EPÍLOGO

Usted es más eficaz, más productivo, más útil y más impulsado que antes. Es imparable porque ha aprendido a dominar el arte del liderazgo personal. Nada es imposible. ¡Vaya a lograrlo!

¡Felicitaciones! Ahora es un graduado del Modelo de Liderazgo Personal LIMA. ¡Bienvenido al club exclusivo de líderes excepcionales que entienden que liderar efectivamente cada área de sí mismo nos cambia a nosotros, a nuestras familias y a nuestro mundo!

NOTAS

Capítulo 2
1. "Neurons and Synapses." *The Human Memory*, www.human-memory.net/brain_neurons.html.
2. Cherry, Kendra. "10 Interesting Human Memory Facts You Should Know." *Verywell*, 27 June 2017, www.verywell.com/facts-about-memory-2795359#step9.
3. "Your Amazing Brain." *National Geographic Kids*, kids.nationalgeographic.com/explore/science/your-amazing-brain.
4. "Neurons and Synapses." *The Human Memory*, www.human-memory.net/brain_neurons.html.
5. Ibid.

Capítulo 3
1. Webster's Dictionary 1828 – Edición En Línea, http://webstersdictionary1828.com/Dictionary/emotion.
2. Leaf, Caroline. *Who Switched Off My Brain*. 2007. Print.
3. Colbert, Don. *Deadly Emotions*. Thomas Nelson Publishers, 2006. Print.

Capítulo 6
1. Kinsolving, Carey. "What Can We Learn From Adam Naming the Animals?" *Creators*, 25 August 2014, www.creators.com/read/kids-talk-about-god/08/14/what-can-we-learn-from-adam-naming-the-animals.

Capítulo 7
1. Barnes' Notes, Electronic Database Copyright © 1997, 2003 por Biblesoft, Inc. All rights reserved.

SOBRE EL AUTOR

Nestor Lima es un Orientador Profesional Certificado que ha ayudado a muchos líderes, pastores y empresarios a encontrar soluciones y lograr metas personales, familiares y profesionales. Es autor de *Un Encuentro con Su Propósito de Vida*, *Su Vida Máxima*, y co-autor de *Más Que Padres*. Le apasiona empoderar a las personas a descubrir su propósito de vida, mejorar el liderazgo personal, y disfrutar de una vida familiar equilibrada.

Es fundador y presidente de Maximum Life Ministries, Inc., una organización sin fines de lucro 501 (c) (3) comprometida a equipar a las personas a descubrir su propósito de vida y maximizar su potencial pleno dado por Dios.

Con un don único—una mezcla poco común de orientación, mentoría y enseñanza combinada con una visión bíblica sólida—Nestor ayuda a las personas a superar las barreras personales y experimentar avances que cambian la vida. Un aficionado de té caliente, es divertido, amoroso y regido por sus valores. Nestor está felizmente casado con su esposa, Dina, por más de veintiún años y disfruta de la vida familiar con sus dos hijas.

Si disfrutó *Cómo Dominar el Arte del Liderazgo Personal*, le encantará los recursos adicionales en www.NestorLima.com.

NESTOR LIMA
LIFE COACHING

Orientador • Orador • Conferencista

Como Orientador Profesional Certificado y Orador motivacional, Nestor Lima ofrece presentaciones dinámicas adaptadas a las necesidades de su grupo u organización, tales como:

- Discursos principales
- Seminarios de medio día y día completo
- Talleres de almuerzo y aprendizaje
- Adiestramiento corporativo interno

Los discursos auténticos de Nestor inspiran a las personas a la acción. Habla a audiencias variadas y deja a los oyentes motivados a vivir con propósito, abrazar la grandeza y realzar el liderazgo personal.

El entusiasmo de Nestor es contagioso. Su enfoque de orientación clara, divertida y práctica proporciona un ambiente seguro para adiestrar a los equipos con perspectivas alentadoras y herramientas listas para usar y mejorar el liderazgo. Utilizando el Modelo Personal De Liderazgo LIMA como una estructura sólida, Nestor desarrolla equipos inspirándolos y retándolos a ensanchar sus objetivos y motivándolos a tomar medidas enfocadas que resultan en un ambiente de trabajo más positivo y un rendimiento mayor personal y en equipo.

Para agendar a Nestor Lima para su próximo evento, envíe su petición por correo electrónico a nestor@nestorlima.com.

Un Encuentro Con Su Propósito: Descubriendo Su Lugar En El Reino de Dios ofrece dirección y aliento para ayudarle a descubrir su propósito de vida específico.

Ordénelo en www.NestorLima.com.

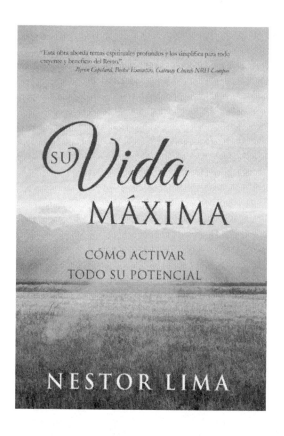

Su Vida Máxima: Cómo Activar Todo Su Potencial proporciona una nueva visión y dirección para ayudarle a aumentar su impacto en su esfera de influencia.

Ordénelo en www.NestorLima.com.

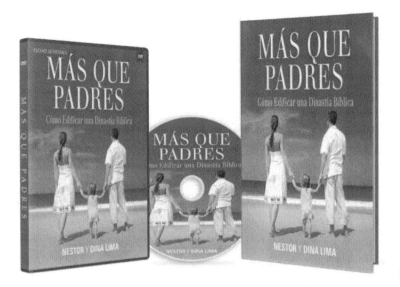

Más Que Padres: Cómo Construir Una Dinastía Bíblica por Nestor y Dina Lima es un curso de ocho semanas diseñado para inspirar y empoderar a los padres a profundizar la conexión emocional y espiritual con sus hijos. El curso puede estudiarse individualmente o en grupo. Para ordenar y aprender a facilitar esta enseñanza en su congregación o grupo pequeño visite www.MasQuePadres.org.

Made in the USA
Columbia, SC
11 May 2024